Festival
フェスティバル

200

成美堂出版

川崎光徳

目次 CONTENTS

はじめに ……………………………… 3
漢字クロスのルールと解き方 ………… 4

問題編 ……………………………… 7

解答編 ……………………………… 209

ちょっとひと息
- ●常用漢字の不思議 ……………… 6
- ●字謎（じなぞ） ………………… 208
- ●読めますか？ …………………… 279

はじめに

　近年、漢字をテーマにしたパズル本が多く出版されており、その内容も多岐に渡っています。本書はその中でも漢字クロスワードパズルを集めたものです。クロスワードパズルが世に出たのは1913年のことでした。それから100年以上の歴史があり、いまだに根強い人気を誇っています。まさにパズルの王様というところです。このクロスワードパズルが日本に入ってきたのは1925年のこと。その際、日本の文字（カタカナ）に対応するように工夫され、後に、漢字のみを使う「漢字クロスワードパズル」も考案されました。

　漢字クロスワードパズルには、普通のクロスワードパズルのようにヒントを頼りにマス目を埋めていくものと、使われる漢字の一覧を表示し、その漢字をマス目に埋めていくものがあります。漢字から遠ざかっている多くの方にも簡単にチャレンジしていただけるように、本書では漢字一覧のある後者のパズルを採用しました。

　使用する熟語は、一般的によく使われるものや、知っておいた方がよいと思われるもの選びました。『広辞苑第七版』（岩波書店）、『国語大辞典』（小学館）などの辞書を主に参考にしています。

　同じ言葉でも二通りの表記がある場合（例えば、寄付と寄附）や、ホトトギス（杜鵑／不如帰）のように異なる表記がある場合もありますが、本書は漢字に着目していますので、いろいろな表記を使っています。

　スマートフォンやパソコンの普及で漢字を手で書くことが少なくなってきて、読めるのだけど、いざ書こうとした時に、なかなか漢字が思い出せないという経験をされている方も多くいると思います。パズルを解くことで、耳から覚えた単語を、漢字ではこう書くんだなどという発見もあると思います。漢字パズルは脳の活性化にとても役立ちますが、それよりも何よりも、ぜひ「楽しんで」ください。パズルなんですから。

川崎光徳

漢字クロスのルールと解き方

ルール

- チェックリストの漢字を、空いているマスにすべて入れます。
- タテ、ヨコで並んだ漢字がすべて熟語になるようにします。
- 熟語は途中で曲がりません。また、ナナメは使いません。

例 題

	本		■		入	
和	■	上		身	■	際
	学		島		内	
主		隣		荒		■
	理		情		手	
■		■		化		水
	力		■		気	

Check!! ➡

下	解	海	感	義	見	合	国	実	者
出	人	線	道	日	半	野			

4

解き方

空いているマスに入る漢字を、Check!! ➡ から選んで入れます。

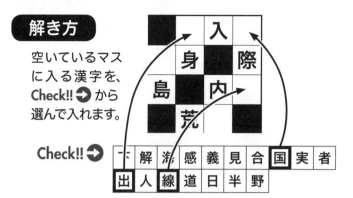

タテ、ヨコに並んだ漢字がすべて熟語になるようにします。

解 答

ちょっとひと息 Column

常用漢字の不思議

※常用漢字表とは、日常一般に用いられる漢字の目安の一覧で、当用漢字の後継として昭和56年に告示されたものです。

●柿

　この漢字は何て読むでしょう？「柿（かき）」とは違う漢字です。

　正解は「こけら落とし」の、「こけら」です。柿とは違い、市の部分の縦棒が突き抜けていて、旁の画数も一画少ない4画です。これと同じ種類の漢字にはほかに肺、沛などがあり、日本語ではハイと読まれます。一方、市、柿、姉などは縦棒が突き抜けず、「市」の部分は5画です。日本語ではシと読まれます。

　ところが、話はもう少しややこしくて、「肺」の字は昭和21年の当用漢字では旁が4画ですが、昭和24年の当用漢字で5画に字体が変わりました。ですから、今は肺の旁は姉などと同じになっています。

●臭

　「くさい」とか「におい」と読む漢字ですね。ところで匂いを「かぐ」の「かぐ」はちゃんと書けますか？

　これは嗅が正解です。大の部分が犬になっています。臭や器、突などは常用漢字に入る時に犬から大に変えられました、嗅は常用漢字に入っていないので犬のままです。

　まあ、目くじらを立てることではないのでしょうが、何となく気になります。

6

Q1

答えは210p

具　豪　磊
験　水　花
例　敏　写
用　交　神
読
思　考
力

Check!!

解	感	慣	玩	句	経	権	参	者	人
生	仙	想	体	沈	点	放	黙	落	

答えは210p

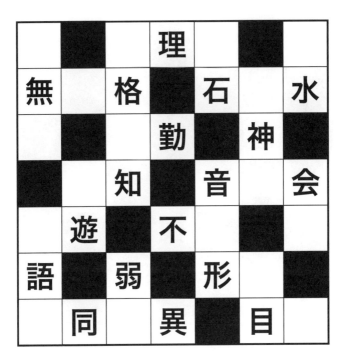

Check!! →

印	化	灰	外	楽	垢	合	資	周	小
跡	大	通	得	白	噴	便			

Q3

答えは210p

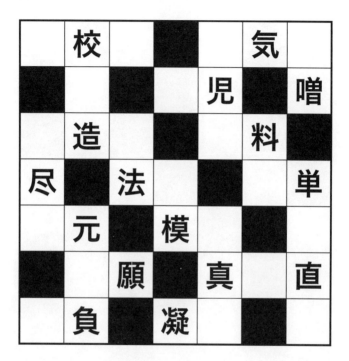

Check!! ➡

育	科	簡	規	作	写	集	小	正	生
請	倉	蔵	転	刀	入	抱	味	無	

答えは210p

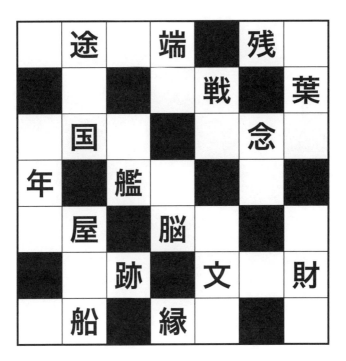

Check!!

化	管	旗	記	形	首	樹	緒	床	照
上	人	台	中	天	半	仏	宝	万	

答えは210p

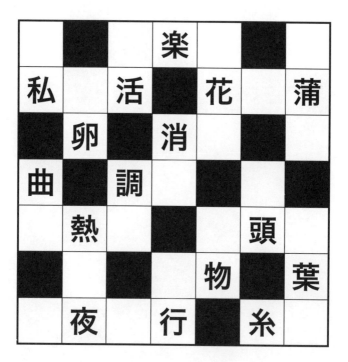

Check!! ➡

印	火	解	巻	兼	言	公	剤	笹	菖
尻	生	鼠	帯	代	昼	塔	独	鉾	

Q6

答えは210p

7マス×7マス

	■		験		■	
一		羅	■	徳		令
■	子		傷		■	
甘	■	辛		■		改
	石		■		級	■
■		■		飛	■	照
	水		■		社	

Check!! →

会	均	鹸	口	更	高	酸	車	酒	修
心	政	張	朝	道	分	暮	雄	嶺	

答えは211p

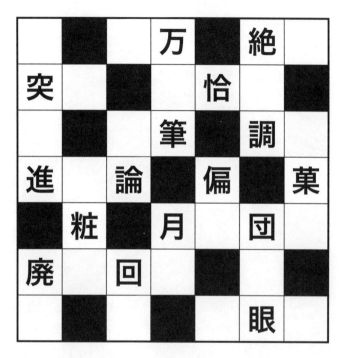

Check!! ➡

屋	化	巨	句	栗	見	好	子	紙	収
猪	年	飛	品	方	無	猛	遊	和	

答えは211p

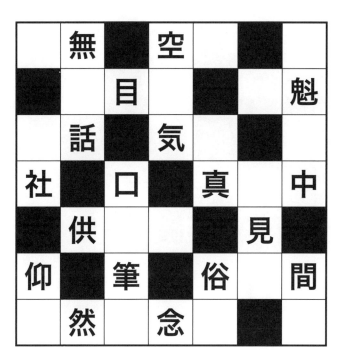

Check!! ➡

花	皆	記	元	際	首	述	書	神	世
蝉	駄	天	道	迫	物	夜			

答えは211p

	亭		親		試	
		成				
	関					
		夜		気		熱
			儀		粧	
時		列		無		鍋
			内			

Check!! ➡

化	系	計	玄	行	合	車	主	色	水
善	底	灯	日	白	肌	発	分	料	練

16

Q10

答えは211p

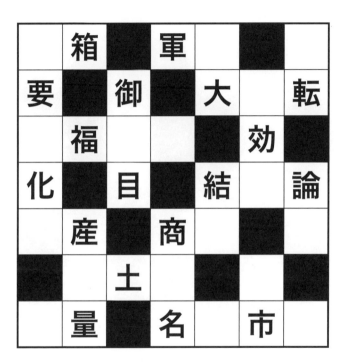

Check!!

栄	果	拡	釜	器	逆	拠	財	社	重
出	茶	朝	品	文	民	誉			

Q11

答えは211p

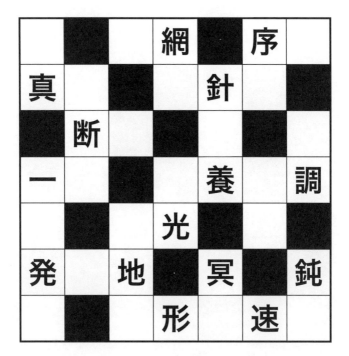

Check!! →

哀	栄	横	加	器	起	供	失	祥	章
線	測	墜	投	念	迫	盤	幕	羅	裂

答えは211p

7マス×7マス

	海		眼			
		親		検		計
			多			
作						務
			刷			
抽		画		材		
			屑		亭	

Check!!

| 為 | 印 | 下 | 機 | 況 | 激 | 御 | 紙 | 事 | 主 |
| 樹 | 出 | 所 | 象 | 色 | 設 | 分 | 無 | 里 | 流 | 料 |

Q13

答えは212p

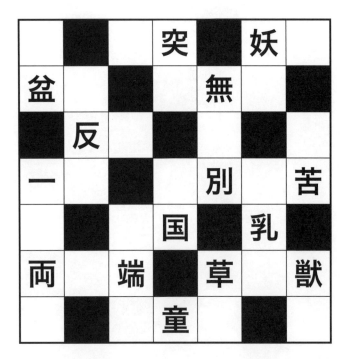

Check!! →

愛	暗	異	医	艶	応	極	故	児	出
書	食	新	辛	精	断	猪	刀	分	離

答えは212p

7マス×7マス

	望		■		制	
在	■	文		財	■	頭
■	脱				肌	
異			■			天
	■		光		■	
同		会	■	酸		■
		従		■	見	

Check!!

音	化	蓋	寒	管	脚	鏡	口	好	参
字	臭	人	潜	虫	塔	服	味	夜	

答えは212p

Check!! → | 角 | 菜 | 算 | 事 | 雪 | 素 | 層 | 茶 | 痘 | 日 |
| --- | --- | --- | --- | --- | --- | --- | --- | --- | --- |
| 葱 | 念 | 薄 | 半 | 品 | 粉 | 抹 | 面 | 饅 | |

答えは212p

7マス×7マス

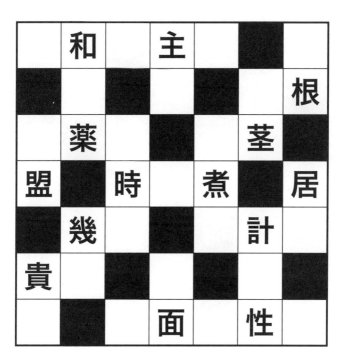

Check!! →

芋	雨	加	禍	画	会	界	活	漢	義
見	剤	士	歯	従	重	日	飯	分	矢	賤

答えは212p

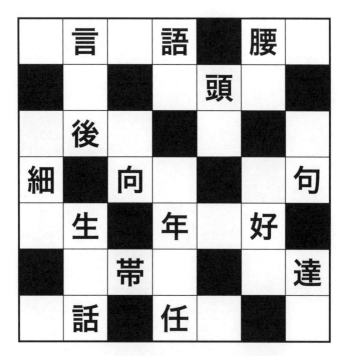

Check!! →

逸	学	恰	観	禁	主	書	世	絶	壮
陀	大	調	痛	日	尾	付	命	明	葉

答えは212p

7マス×7マス

	子		迅	■	甲	
■		■		記	■	宇
	山		■		母	
用		巧		■		■
■	隠		■		団	
綿		■		前	■	状
	■		力	■	露	

Check!!

| 屋 | 怪 | 口 | 左 | 獅 | 者 | 集 | 雪 | 扇 | 速 |
| 沢 | 地 | 登 | 入 | 奮 | 密 | 妙 | 羅 | 腕 | |

答えは213p

			酔			
几		面		遣		婆
	簿		哀			
意		転				
					小	
薄		生		財		明
	輩		衣		回	

Check!! ➡

歌	校	産	志	私	弱	手	床	心	説
帳	調	馬	文	望	木	老	矮		

26

答えは213p

7マス×7マス

	手		■		■	
静	■	松		堂		
	動	■	魁	■	天	
■			袋		路	
	詞					■
蕎	■	果		酒	■	鮫
	芽		■		傑	

| 花 | 掛 | 勘 | 講 | 豪 | 残 | 実 | 小 | 誠 | 僧 |
| 大 | 当 | 糖 | 麦 | 肌 | 弁 | 脈 | 名 | 門 | |

Q21

答えは213p

	里	■	白		光		降
材	■	雑		■		粧	
	出		■		学	■	確
遣	■	得		気		引	
	物	■		■	■	慣	
■				■		符	
	税		侍		長	■	唱
節	■	淑		■		舞	

Check!! ➡

意	円	化	関	魚	業	曲	合	従	所
女	匠	色	人	水	専	大	派	評	品
用	率								

Q22

答えは213p

Check!! ➡

園	下	核	奇	起	見	合	剤	産	事
臣	人	制	組	題	地	独	入	範	別
片	鳴	面							

Q23

答えは213p

			独		通		契
玄				動		売	
	節						
裏			園				
			説		蔵		印
引		点					
	打		試		品		出
化		燃				墨	

Check!! ➡

架	火	関	機	技	供	句	孤	自	取
書	色	石	値	地	提	馬	薄	販	物
幽	遊	料	論						

答えは213p

	作		■		安		日
金	■	数		人	■	祥	■
	頭	■	怪	■	満		星
■		切		出		■	
	薬	■	渡		■		
方	■	新			■	禅	
	花		■		情	■	色
語	■	児		館		液	

8マス×8マス

Check!! ➡

願	奇	吉	砂	座	試	上	生	石	染
船	体	大	痛	天	童	品	米	友	落
旅									

31

Q25

答えは214p

Check!! ➡

引	感	岩	器	空	屈	決	子	事	舎
尺	食	水	数	醒	虫	徒	得	売	発
品	賓	婦							

答えは214p

	候	■	挙	■	水		呂
丈	■	運		野	■	来	■
	姿	■		■	臭		
■			■		■		■
	■	地				■	者
面		味	■	戦		家	■
■	鷺			■			能
赤		■	闘		■		

8マス×8マス

Check!!

悪	意	仮	気	居	苦	空	鶏	芸	見
御	高	催	山	主	城	辛	勢	生	動
白	風	坊	率	略					

答えは214p

	日		塩		標		棄
				本		人	
疾		迅				芝	
	鈴		親		知		士
双		神				方	
	独						乗
線		殿		商			

Check!! →

猿	楽	丸	基	記	居	曲	恵	権	工
行	痔	製	的	天	馬	売	不	父	風
奮	便	様	雷						

答えは214p

	河		船	■	信		性
血	■		■	曲		■	
	根	■			■		描
■			阿			■	
	地	■	出		■		
機	■	先		■		気	
	悶		■		雑		動
髪		順		同			

Check!! ➡

一	格	学	危	球	拠	混	写	者	食
世	生	絶	素	蘇	着	点	呑	博	白
不	夜	乱	流	露	憑				

35

Q29

答えは214p

			語		不		打
黒		節		妥			
		下		和			
				直		若	
	方		人		一		
卦		容		諸			
	書		造		会		中
格				時			

Check!! ➡

意	院	花	丸	季	議	牛	協	計	元
御	式	宿	処	診	大	柱	田	八	般
美	風	葉							

Q30

答えは214p

	床		夢	■	表		力
■		■		地		■	
	動		■				慢
算	■	品				衝	■
■	収						木
購		■		約			
■	印		派		長		■
和		■		数		命	

8マス×8マス

Check!! ➡

異	員	陰	運	格	緩	球	現	誤	材
作	紙	自	寿	集	象	題	店	同	特
入	予	要	裏	路					

Q31

答えは215p

	十		士	■	定		的
■		■		議		■	
	夜		■		■		率
春	■	下				能	
	直	■	水				留
■		無		■		■	
	■		■		採		
海		保		庁	■	途	

Check!! ➡

安	意	員	感	期	芸	五	効	降	彩
四	七	樹	書	小	上	席	絶	族	担
中	日	伐	風	本	用	量			

38

答えは215p

	■		殺	■	係		物
反		用	■	器		■	
■	務	■	裁				■
天		無		■		創	
	■			■	唱		説
水		■		飲		象	■
■	所		金		虫		鏡
神		■		灯		■	

8マス×8マス

Check!! ➡

愛	衣	官	眼	減	骨	作	試	持	場
石	然	争	草	像	代	置	独	併	縫
量	力	籠							

Q33

答えは215p

Check!!

委	意	火	貝	格	粥	器	起	喫	居
金	工	座	産	充	唱	信	随	追	店
土	陶	文	補						

答えは215p

	異		質	■	釣		籠
■		■		似		■	
	人		■		■		
物	■	品		■		規	
■	傾	■	紅		点		型
急		面	■	時		雄	
	■		期		利	■	行
配		■		■		動	

Check!! ➡

一	餌	顔	機	気	疑	金	限	勾	斜
城	星	膳	体	中	長	灯	特	内	買
薄	発	飛	模						

8マス×8マス

41

答えは215p

	付		賊		■		句
山	■			札			
	根		傷		■		点
地		塩				曜	■
	源		罪				竹
■		質		運			
	■		販		化		物
過		数	■	粗		■	

Check!! ➡

悪	火	改	害	看	気	挙	語	口	合
黒	差	撮	七	取	震	性	石	泉	盗
読	熱	半	量						

答えは215p

Check!!

衛	官	響	群	公	自	宿	場	水	駄
泰	代	中	昼	町	天	伝	年	念	燃
反	無	弥	輸	和					

Q37

答えは216p

	即		空	■	熱		関
■		■		栄		■	
	式		■		■		技
子	■	化		■		出	■
■			長				電
主		公	■	満			
	■		放	■	茶		石
地		■		税		■	

Check!! ➡

位	円	演	家	火	華	懐	開	機	喫
虚	光	産	証	色	心	身	人	是	節
店	頭	美	免	門	様				

答えは216p

	要		化		■		愛
石	■	庫		産		期	■
■	張		人	■	黄	■	哀
丁		■		肩		郷	
	■		学		粘		■
形		層	■		■	色	
■	分	■	暗		街		象
代		番		■		明	

Check!! ➡

気	喉	号	黒	最	財	子	字	愁	重
成	相	台	地	土	灯	表	文	本	卵

Q39

答えは216p

	期		■		千	■	菌
六	■	戦		■		生	
	候	■	開				■
中	■	蒸		■		線	
■	勘		■		肩		格
銀		機		力		否	■
	河		■		飾	■	算
色	■			■			

Check!! ➡

価	関	眼	気	強	決	作	時	車	秋
職	窓	段	動	二	白	発	粉	命	乱
両	類	路							

Q40

答えは216p

	真		漫	■	印		機
■		■		仙		■	
	管		■				均
扶	■	面				■	
	続		牛		戦		
■		朽		■		語	
	■		目	■	隠		頭
異		字		長		番	

Check!! ➡

画	会	奇	空	合	骨	刷	子	紙	持
者	術	食	体	調	天	等	尾	付	文
平	柄	歩	法	爛					

Q41

答えは216p

Check!! ➡

安	為	掩	楽	看	義	客	鏡	近	空
字	治	周	神	人	旋	曾	途	望	薬
来	裏	慮							

Q42

答えは216p

Check!!

角	極	苦	五	工	号	黒	妻	三	漆
獣	上	人	銭	素	創	層	草	地	置
中	定	牌	妖	葉					

答えは217p

	■		■		絵	■	不
共		経		■		頭	
■	窓		農		物	■	実
本		議				荒	
	■		壇			■	■
取		■		人		治	
■	意		■				餃
呆			的	■	切		

Check!! ➡

為	営	歌	会	巻	気	劇	言	公	口
行	作	子	趣	上	診	水	説	替	同
得	用	療	論						

答えは217p

	点		伝				力
		抗				候	
	称				機		襟
名		車		需		浮	
	武		道		隔		
			物				
	者				決		沢
舎		寒				火	

8マス×8マス

Check!! ➡

化	仮	家	絵	外	学	議	具	芸	桜
山	死	時	世	斥	船	足	対	馬	肌
文	融	両							

51

Q45

答えは217p

	来		■		精	■	空
徒	■	年		■		化	
■		■	売		■		
油		大		■		水	
	■			■	離		獄
■		会		絶	■	木	
	影	■	肉	■	小		■
象	■			■	日	歌	

Check!! ➡

印	隔	掛	禁	遣	御	光	祭	菜	耳
謝	祝	商	粧	進	断	地	敵	都	枕
無	面	遊	論						

答えは217p

8マス×8マス

Check!! ➔

意	円	縁	感	慣	眼	懸	御	子	師
秋	出	上	寝	水	責	断	地	虫	度
到	日								

答えは217p

	分		■		■		朴
阿	■	三		一		損	■
	圧		■		■		虫
九		■		二		■	
	■		五	■	援		■
仏		■			景		配
■	楽					■	気
八				地	■	七	

Check!!

意	益	観	栗	軍	合	四	支	死	十
純	勝	神	制	端	道	品	方	無	面
夜	唯	両	六	蝶					

Q48

答えは217p

Check!! ➡

羽	岡	岩	強	憲	高	産	師	紙	弱
場	石	切	説	俗	置	茶	筆	付	扶
放	法	防							

答えは218p

Check!! →

威	火	塊	灰	格	機	況	屈	啓	庫
抗	国	裁	所	色	審	数	性	貸	豆
罰	雷	料	輪						

Q50

答えは218p

	特		■		宮		腫
■		■		宝		組	■
	権		立		毛		物
途	■	離		勾		■	
■	首		気			■	似
語		変		■		出	
■	一		■				力
尺				歌			

8マス×8マス

Check!! ➡

化	貫	急	許	狂	玉	筋	空	国	三
子	織	真	壇	張	超	熱	輩	配	尾
分	法	瘤							

57

Q51

答えは218p

	三		受		卵		遠	
		体				昼		根
	色		生				不	
北				金				
	仏		面		主		転	
仕			艶					置
				見		作		
	明				採			
	育		朝		市		点	

Check!! ➡

員	王	花	顔	客	験	原	姿	松	寝
精	絶	千	草	足	退	大	地	頂	倒
敗	白	発	法	本	滅	妖	様	用	養

58

答えは218p

	主		制	■	鉄		馬	
動		■		神		■		内
	■		■	場			■	
■		心		鬼	■	共		■
	■		■	落		激		
化		物		■	雨		■	行
■	術	■	実		■		辺	
食		油	■	先		順		即
	語	■	銀		■		滞	

9マス×9マス

Check!! →

暗	延	火	学	感	帰	規	疑	客	金
	御	山	市	自	質	者	車	出	人	体
地	着	中	天	灯	道	扉	没	用	流	涙

答えは219p

	大	■	日		浴		財	
■		略		熱		重		
	所		自		出		■	
発	■	知						定
	退		流				像	
		就		過		数		初
	■		績		兵			
後		人		不		生		微
	■		約		■		騒	

Check!! ➡

衛	期	急	去	業	偶	見	己	光	口
最	暫	色	進	政	想	束	尊	通	動
閥	半	版	費	尾	米	宝	末		

60

答えは219p

	大		■		座	■	唐	
極	■	松		堂		折		■
	藻		暦		丁		■	
■		梅		誤		■		慨
	■		拓		路		■	
天		■		懐		目		量
	元		■		継		岐	
相	■	廃		電		御		前
	人		■		台		■	

9マス×9マス

Check!! ➡

塩	家	花	海	干	感	仰	好	講	紙
字	守	線	草	中	点	灯	南	半	物
分	憤	傍	本	無	網	門	老		

答えは219p

	案		■		支		■	
慮	■	役		柄	■	量		店
	際		盛	■	平		■	
別		邪	■	曲		■		業
■	百		夜		■		妙	
割		■				対	■	基
	■	世					千	
手		場	■	家				
	■		属	■	中		本	

Check!!

引	央	開	顔	鬼	休	金	形	軽	見
行	衡	合	作	思	集	出	所	身	水
絶	線	値	敵	度	販	物	分	目	六

答えは219p

9マス×9マス

Check!!

安	引	越	温	寒	機	疑	巨	強	形
圏	効	酸	自	主	手	酒	食	塵	中
頭	内	梅	備	粉	来	流			

答えは220p

	文		■		塔	■	即	
変	■	頭		骨		問		■
	獄		戴	■	回		■	
異		万		流		■		子
	避						害	
落				飛		機		認
	針						見	
海	■	吹				髪		不
	光	■		■	銀		百	

Check!! ➡

椅	一	危	蛍	言	語	行	山	紙	時
識	障	色	診	雪	足	台	地	頂	鉄
天	転	答	難	白	物	雷	路		

Q58

答えは220p

	坤		擲	興		拍		
門		等		夜		列		
	実		検					
伏								兎
					想		外	
水		温		計		然		表
	舎		肝		喜			
無		子				素		張
			耳		風		握	

Check!!

一	乾	奇	挙	極	銀	空	垢	行	車
手	色	線	脱	地	天	伝	度	東	馬
分	保	満	面	野	利	流	力		

答えは220p

	養		■		行	■	太	
枯	■	官		■		草	■	代
		■	奨		■		簡	
衰	■	換				体	■	明
■			■		議	■	衣	
氏	■	扇			■	御	■	置
	主	■	供			■		
■		入		■		婆		■
	権	■	屋		骨		根	

Check!!

栄	刊	気	況	金	嫌	古	合	士	子
執	述	書	城	心	水	制	盛	石	装
台	転	導	部	物	文	報	名	励	老

答えは220p

	不		■		長		■	
■		■		倉		町		者
	実		■		反		療	■
尾		知				条		収
		■	力		係		■	
貫		神		■		字		印
■			義		■		用	
名	■	面	■	容		■		■
			法		■		路	

9マス × 9マス

Check!! →

医	一	影	画	街	鎌	関	漁	検	御
校	師	紙	室	主	首	樹	場	寝	水	数
誠	潜	造	足	態	入	能	発	躍	理	刹

Q61

答えは221p

	間		縮		人		相	
				書		録		合
	髪						声	
食		次						気
	落				天			
丸				上		知		熱
			代		木		愛	
小		料		金		流		山
			不				袋	

Check!! ➡

葵	一	炎	屋	音	下	化	仰	恵	作
時	式	車	手	首	色	尽	図	生	太
第	短	断	男	談	釘	店	布	目	理

答えは221p

	本		■		平		精	
族	■	温		■		健		騒
	女	■	解		■		自	
党			■	失		■		■
■	雑		入		天		神	
茶		■		性		■		
	■		屋		人		■	
		縄		庶		付		品
	酔	■	財		諸		■	

9マス×9マス

Check!!

愛	一	穏	格	気	吸	巾	金	敬	経
券	荒	収	商	消	心	全	属	地	泥
動	表	米	母	房	務	明	律	郎	和

Q63

答えは221p

Check!!

囲	院	駅	会	海	期	記	教	曲	訓
係	工	江	講	再	参	事	初	生	精
声	大	猪	那	入	範	苗	舞	無	猛	揚

答えは221p

	落		明		維			
		筋		療		事		員
				如				
電		質		幾				礼
	像						老	
温		差		霜				得
			反		面			
				業				
	地		用		陸		植	

Check!!

意	違	何	会	解	滑	球	巨	敬	月
御	厚	作	治	実	首	上	新	星	接
逐	着	長	天	田	度	肉	物	満	務	無

9マス×9マス

Q65

答えは222p

			鳩		泥			
瓦				瀬				岐
	放						数	
共				内				意
			会		告			
国				妖		威		的
	育				傑		搾	
史		肝		変			同	
	念				学		味	

Check!!

圧	宴	化	解	怪	概	感	顔	棄	記
鬼	休	決	戸	硬	示	識	社	沼	酔
多	調	日	斑	尾	分	保	報	面	料	和

Q66

答えは222p

	嘘		有					
規						間		店
	擬		義		兵		数	
		船		敢		好		心
	珠							
正		胃		垂		手		
	腸				末		行	
						角		政
	転		許				権	

Check!! ➡

意	為	運	下	癌	眼	奇	居	寓	効
広	荒	質	者	小	証	真	大	直	敵
得	捻	物	宝	幕	枕	免	模	勇	恋	露

Check!! ➡

按	炎	横	格	巻	関	虚	禁	限	向
頃	在	杓	手	縮	常	千	線	逐	中
定	電	等	燃	脳	半	平	房	幕	明

Q68

答えは222p

9マス×9マス

	酸		星				六	
戦						鳥		尊
	奪		夜				半	
		復		雨				満
				線				
絶		調		優				飾
						球		
耳		増		不		打		闇
			英			狩		

Check!! ➔

意	影	円	火	介	回	懐	核	艦	稀
脚	窮	月	古	好	根	柔	審	青	石	千
争	足	大	断	電	鍋	如	年	美	本	霧

Q 69

答えは223p

	撃		■		孝		■	
立	■	風		玉	■	楽		家
■	拘	■	縁	■	跡		■	
歌		多		欲		■		世
	■		見		■		来	■
■		■		■			■	一
	工		■			面		
真	■	居		屋		乱		発
	顔		■		東		■	

Check!! ➡

雲	臆	開	外	起	劇	御	光	行	細
肴	参	似	芝	酒	出	床	衝	親	人
積	船	大	地	天	得	遁	念	波	目	留

答えは223p

	三		四	■	寒		■	
■		■		節		■		瓜
	一		■			■	氷	
幣	■	力		■		■		弓
■	秋		■		梅		■	
快		■	間		水			月
		火		駆		担		
乱		射	■	自		車		
	■		率		■		■	

Check!!

悪	雨	会	季	給	空	険	胡	行	国
載	紙	重	晴	説	棚	張	朝	椿	刀	動
南	能	波	反	飛	風	保	暮	放	麻	無	洋

Q71

答えは223p

Check!! ➡

烏	羽	海	看	亀	義	計	原	語	考
行	姉	手	松	走	単	鶴	徒	熱	馬
判	番	批	不	浮	風	落	流	慮	料

答えは223p

			造				火	
展						射		術
			局				氷	
解		剤		角				蛸
			事		酒		酸	
						切		管
	信		通		市		原	
楽		運		量				
	釈		茄				林	

9マス×9マス

Check!! ➜

威	音	会	作	子	師	消	照	場	情
森	酢	生	石	操	樽	的	毒	発	販
不	幣	放	方	望	魔	無	霧	薬	浴	理

答えは224p

	述	■	川		■		代	
■		古	■	五		雨	■	映
	■		更			■	漫	
挙		■			■	異		■
	■		室		傾		■	
動		記	■	意			■	造
■	真	■	絵		■		刊	
類		点	■	心		顔		越
	■		鏡		■		民	

Check!!

暗	衣	猿	画	懐	改	眼	軽	劇	月
権	向	国	今	才	市	似	時	謝	叙
推	創	端	朝	得	馬	服	物	兵	妄

答えは224p

			築		立		振	
防		具		脚		所		踏
			小		時		再	
財		法				補		
権				見				彩
	休		日		別		動	
火				途		楽		
			秋		天		無	

9マス×9マス

Check!! →

異	遺	一	会	寒	肝	器	気	居	形
建	候	行	砂	三	産	識	傷	人	生
鼠	団	地	度	虹	白	半	舞	用	利

Q75

答えは224p

	律	■	年		行		■	
■			■		実		台	
	者		嚙		新		■	
暑		天		一			■	
	本				■	力		
■			着		静		端	
			殿				蒲	
敵		心	■	畜		奉	■	
	■	場		業		英		

Check!! ➡

屋	下	蓋	眼	儀	験	御	公	好	婚	
産	事	手	所	焼	晴	地	中	沈	動	日
飯	品	夢	猛	悶	冷	礼	霊	呂	炉	憒

答えは224p

			立				電	
平		心		境		線		弦
			形				哀	
私			数		委			団
	流				木		工	
迫		射						相
	四			日				
			然		加		器	
	山		髪		削			

Check!! →

一	塩	界	角	楽	官	管	寄	隈	減
	光	公	国	細	出	常	真	青	代	断
地	中	天	同	入	熱	物	方	無	面	曜

Q77

答えは225p

	剛		■		吐		■	
釘	■	鉄		巻	■	銀		利
	離	■		■	霜		■	
■			■	沈		■		
	陸	■	安			■	隠	
狐			■		■	章		合
■	疑		理		尽		海	
同		円	■	統	■			■
	■		場			■	隊	

Check!! →

一	益	援	焔	応	火	楽	眼	居	郷
金	御	降	砂	舎	商	心	水	静	雪	担
致	着	柱	抜	不	保	北	満	流	竜	腕

答えは225p

	雨		洒				衛	
		節		度		視		農
			関		輪			
無				表		猫		離
	胡						戦	
過		開		一				
	惑						品	
評		団				化		悪
			底				血	

答えは225p

	二	■	臨		■		工	
■		馬		■		黒	■	当
	顎			■	紙			■
得	■	国				肉	■	頭
	思		示		温			
■				話			■	
	顔	■					猟	
濯	■	簡				足	■	役
	嫌	■	乗		員	■	急	

Check!! ➡

案	意	界	蓋	感	機	客	禁	区	芸
源	光	厚	室	漆	重	所	上	場	色
洗	組	題	談	表	不	便	密	料	饅

答えは225p

	端	■	遠		■		溶	
年			■	瀬		際		状
	天		日				道	
■		■		立				■
	閣				気		神	
鳳		院				夫		帷
	粉		裏		■		女	
■				術				■
	塵		曲				詞	

Check!!

液	化	家	花	技	脚	金	経	潔	戸
作	策	傘	子	寺	者	守	笑	丈	水	青
先	浅	祖	内	白	微	婦	別	房	防	万

答えは226p

	押				勢		障		紙
灯		初		雪		食			
	格				射				行
				意		棚			
	庫				復		舎		
粗		白				気		発	
	薄		種						境
		花				支		最	
					拓		孤		
義		人			声			潮	

Check!! ➡

奥	害	活	轄	冠	干	管	器	期	機
鬼	魚	紅	高	菜	子	式	汁	出	情	剖	大	端	地	注
田	盗	納	飛	苗	品	並	報	奉	油	利	理	裏

Q82

答えは226p

	二		■		寿	■	銀		切
子	■	大		所	■	平		■	
	金	■	猪		実		■		面
市	■		人		動			病	
■	記		■		■		想		武
車		■		硬		■		同	
	■			■			国		気
■		目		■		彩		糖	
	舌		垣		見		■		■
薬	■	離			■	命		錠	

Check!! →

杏	異	衣	羽	臆	化	仮	家	肝	間
空	御	口	座	載	士	事	質	重	色	石	前	態	断	敵
島	猫	板	百	米	変	傍	本	幕	脈	浴

89

答えは226p

	世				居		不		当
機		退		金		紋			
	悪				陥		存		
		転		日		時		霊	
			下				待		談
戸						尚		争	
			上				合		
海		学		理					
	菓		素				連		章
芥		菜		写					

Check!! →

員	穏	該	期	議	逆	魚	経	嫌	憲
御	向	衡	国	傘	子	辞	従	所	職	心	真	瀬	早	棚
長	点	内	描	敷	亡	没	容	洋	落	和	剋

Q84

答えは226p

	過		黒				実		義
		乱				真		成	
	載				愛		親		肌
枝			能		踏				
	歴		上		口				
公				世				菓	
			来		試		品		宝
人		名		設				番	
	故								下
芸				図		工			

10マス×10マス

Check!! ➡

雲	画	絵	看	供	計	作	傘	史	子
施	写	者	主	衆	出	純	女	証	推	性	積	切	然	店
糖	頭	物	分	母	僕	本	銘	問	洋	理	連

答えは227p

	■		物		転	■	歳		記
中		国	■	布		半		■	
	■		打		貯		■		会
灯		■		封		門		■	
■	解		策		精		葉		■
功		議		御				忍	
	所		内		統		出		
■			分		新			重	
		品		■			塩		道
州		画		点		■		人	

Check!! ➡

案	一	隠	懐	開	楽	岐	気	九	芸
決	月	見	持	時	目	者	手	術	松	神	素	蔵	大	脱
電	博	仏	万	名	明	立	流	竜	晴

答えは227p

					学		年		権
天		色						子	
					指				
		叉					線		
	易		在				域		式
物		姿		宅		便		規	
	夢		心				態		写
御									
					六				
下		段				芸		院	

10マス×10マス

Check!! ➡

安	一	園	王	音	化	楽	活	金	型
形	兼	見	午	交	算	四	習	住	術	書	助	少	賞	親
勢	青	然	素	太	地	点	殿	導	配	膝	姫	文	模	夜
用	流

答えは227p

	用		■			名	■	記
命		出		調			行	
	喜		笛		問	集		係
■		目		収	材		書	
	満		甘	豆		遺		品
■		白			叙			
				動		子		
無		夢		■		代		籤
	利		古		■		着	率
不		強		化		物		易

Check!! ➡

引	我	皆	干	感	駆	空	言	功	口
合	査	使	自	者	車	色	人	替	題	中	昼	伝	納	薄
文	勉	宝	味	面	留	録

答えは227p

	角				長		記		盆
国		成					仏		
	間						写		歌
代		科		万			昼		
	占		費		天				傘
私		地		英				中	
			員				北		丼
集		人		話				御	
	勘		伝		名				
法		得		数		薬		石	

Check!! ➡

		影	家	会	外	涯	学	気	金	形	拳
鹸	公	三	時	蛇	就	信	真	接	題	朝	定	南	日	念
能	敗	飯	票	目	役	有	用	踊

10マス×10マス

答えは228p

Check!! ➡

恩	下	加	花	気	鞠	教	金	経	支
字	所	書	上	場	唇	臣	人	数	雛	全	大	達	頭	動
毒	内	脳	反	分	保	放	墨	明	和

答えは228p

	国		■		決	■	逆		知
■		■		夏	■	雲		■	
	安		蔵	■	飛		■		財
■		■		裏	■	霧		■	
		■			火		■		権
力		奮		■		■		治	■
	■		■		石		■		師
標		■		歳		中		■	
	優		華	■	尺		■		学
楽		■		花		策		■	

Check!!

医	家	解	興	鏡	庫	康	校	鎖	剤	散
産	子	主	準	傷	勝	消	上	浄	千	戦	船	打	退	探
地	町	的	笛	努	湯	闘	曇	八	範	万	目	略	令	冷

答えは228p

	挙		小				書		間
風						唇		末	
	天		屈				数		土
				固				生	
	宮				相		屋		工
待		枯		水				家	
	紅						横		
				思					
	点				課		歩		給
室		戸				耳			

Check!! →

一	雨	下	花	外	岩	寄	供	強	形
源	考	合	裁	載	山	事	週	術	宵	推	草	族	棚	断
沈	豆	道	読	氷	部	平	柄	暴	満	木	葉	理	仄

答えは228p

	挙		■		楽		生	■	有
抜	■	画		■				名	
■	俄		出		■		線		者
天		芝	■	近		兵		突	
			豹		星		高		車
		老		御		自		■	
	格		懐		■				証
■		敵				伝			
					処		入		
般	■	心		■		屈		戸	

10マス × 10マス

Check!!

衛	往	何	家	海	極	区	経	権	庫
好	江	国	若	手	叙	身	晴	先	選	然	袋	中	導	認
熱	飛	品	不	譜	伏	慢	命	明	理	懍

Q93

答えは229p

			枯				自		隊
尺				着		新		星	
	頭				脂		乳		機
黄							河		
			切				色		投
病		体		子		歌		物	
	油		甲				画		
最		綺						概	
	句				日		主		裏
峰		事						捐	

Check!! ➡

葵	一	羽	栄	衛	家	海	関	喜	義
金	鯨	劇	原	向	高	三	資	守	上	身	脱	熱	脳	白
薄	八	板	封	風	粉	柄	坊	肪	羅	麗

答えは229p

	授		直				凍		黴
書							核		
	目		判		主				
		大		済		明		止	
			断		一		餅		無
即				道		符		正	
			的		衆				
色		本		原		林		対	
	真		為				仏		丘
類		点		験			羅		

Check!!

鏡	菌	空	径	決	結	月	見	算	似
神	水	是	生	盛	切	陀	体	談	伝	尼	売	鳩	反	比
標	分	文	片	謀	密	野	抑	冷

答えは229p

	流				次				栗
線		温		宿		鹿			
					万				頭
無		薬		湯				尺	
			杯		仮		法		行
				礼				自	
	魔						書		半
壊		削				心		口	
			草		期				
血		製					卵		束

Check!! ➡

			液	巻	弓	玉	径	骨	婚	剤	質	除
親	水	睡	生	泉	洗	全	創	定	動	同	粘	農	破	馬
拝	縛	伏	名	毛	野	約	葉	酪	力	六	毬	饅

Q96

答えは229p

	岐		蛇	■	芋		■		霊
	■	日	■			■		阿	■
■	見		市		月		■		栄
代		■		空		投		■	
	■	■		不			■		価
■		滑			■		■	面	
	陽	■	臨		応		■		高
惨			■	織		化		■	
■	多		決		随		支		人
貴		■		判		制		■	

10マス×10マス

Check!! ➡

	一	員	陰	汚	臆	機	卦	茎	降	裁
参	四	斜	謝	重	潤	寝	真	身	数	相	足	大	中	度
頭	配	八	物	変	本	名	木	目	弥	養	了	麗

103

答えは230p

			薙			機		銀
決		案		呑		為	防	
					灯		笹	子
目		監		役		方		
	眼				可			若
				足		石		
			力				教	
一		獣		筆		精		練
	砂						拠	価
多		類		体			来	

Check!! →

院	解	怪	角	記	議	鏡	訓	剣	行
高	根	査	裁	三	視	持	舟	出	水	絶	捜	草	団	糖
白	般	評	不	布	浮	仏	物	簿	無	有

Q98

答えは230p

	明		■			■	天		塩
様	■	並		道	■	正		■	
■	宴		■		足		鬼		■
相		■		方		■		出	
	■		進	■	意		悪	■	分
傘		■		内		■		作	
■	老			■		■	坊		位
異			■	差		■		翼	
		響		■	心		■		頭
児		■		尺		鼓		■	

Check!! ➡

音	会	外	戯	曲	具	月	交	合	国
自	邪	主	酒	寿	宿	人	精	席	跡	先	太	大	端	地
点	童	日	梅	髪	舞	本	枚	木	門	有	竜	輪

Q99

	床		私		説		構		引
泉		蘇				済		長	
	胎								
				目				子	
			洒		手		産		功
悦				胆		筆		荒	
				灰		消		賞	
極		鳥				素		着	
	屋		火						用
内		雛		登		人			

Check!! →

椅	温	花	楽	喜	急	窮	恐	経	元
行	至	小	場	色	成	生	石	折	駄	沈	鉄	途	土	動
服	物	民	落	卵	裏	率	量	浪	論	瀟

答えは230p

答えは230p

	中		九	■	移				境
字	■	朔		国		■		長	■
	空		公			■			散
■		無		老		男		■	
				草			優		華
平		名		着		料		天	
■	普		浴				潔		徒
下		工				■		粉	
	■			議				■	
部			断	■	出		機		

10マス×10マス

Check!! ➡

案	衣	屋	仮	家	架	花	簡	閑	関
記	虚	金	芸	決	砕	若	十	女	冗	場	植	色	心	請
籍	先	嫡	独	曇	白	八	腹	物	蓮	録

Q101

答えは231p

	滓		液						請
下		線				反			
	新				味		極		人
免		代		品		椿		源	
			命		一		二		郎
就		難		方					
		題				歳			
						載		玉	
	己			示		上		蒲	
戒		背		号		管		楽	

Check!! ➡

悪	飴	暗	円	外	気	掲	弦	減	御

香	克	座	材	白	住	十	晶	状	職	寝	申	正	千	太

対	団	中	天	党	番	姫	負	問	用

108

答えは231p

	揮		木				便		手
		酵		単					
					自				猿
乳		菌		学		力		杯	
	性		戸		膳				蛸
降		量		簿		願			
			卵				月		
				金		割		替	
	料						敬		心
茶		冷		食				気	

Check!! ➡

愛	按	意	一	飲	雨	黄	屋	環	簡
搾	三	産	酸	指	焼	乗	酢	水	籍	切	染	他	代	地
着	長	凍	独	発	品	分	母	望	本	郵	臨

答えは231p

			下		体		口		田
予		外		涎		頭			
			白		関				機
				花				馬	
	芸		物		技				内
児		為		都		範			
	無		飛		時				
独		専						士	
	借						乗		中
土		波		筋		計		陣	

Check!!

伊	囲	衛	園	科	角	柑	騎	曲	空
穴	行	作	笠	師	首	重	場	植	垂	数	節	船	想	代
断	鳥	電	道	脳	分	憂	用	累	浪

110

答えは231p

			均				美		有
等		大		茶			中		
			実		分				
				無				角	
	鷺						色		骸
紙		下		情				新	
	託		火		論				青
任		不		化		演			
	幻				掌		達		市
妄				物		強			

Check!!

委	烏	果	華	覚	感	客	形	芸	合
刷	者	緒	消	城	場	食	心	身	針	生	想	多	町	点
毒	鈍	白	表	平	磨	名	目	優	履	量	緑

Q105

答えは232p

	一		■		和	■	天		塩
三	■	色		■		眼		■	
	襲	■	芝		■		■		銀
界	■	新		■		■		地	■
■	握		■		添		■		表
国		■		音		薬		■	
	■		神		昼		■		状
栄	■	素		京		■		息	
	■		名	■	人		費		帰
賞		■		水		■		務	

Check!! ➡

化	加	緩	間	居	件	口	財	賛	氏

紙	取	手	彰	消	省	世	姓	生	声	跡	第	張	湯	独

日	飯	風	別	民	無	誉	養	裏	竜	力	令	路

答えは232p

	防			満		却		八	
報		香		料		天		無	
	周		噌		快				
		遊		多					
			羊				目		新
先		民		教		長		家	
			人		児		左		
寸				本		紀		欒	
	入						灯		硝
裏				打				椰	

Check!! ➡

			育	一	円	下	回	感	金	行	際	札
三	斬	子	借	住	書	神	晴	跡	舌	扇	線	双	族	団
日	波	肥	謀	牧	味	面	油	予	塁

Q 107

答えは232p

			望				見		坊
不		身		立		振			
			偉						頭
	供		根					初	
	細		奥		女				典
譲		手		金		氷			
	家				通		婚		
散				機		誤			
				連		念		力	
詩		管			肝				

Check!! ➡

委	隠	栄	仮	歌	関	願	記	休	居					
強	結	弦	御	財	子	死	式	主	出	織	人	尽	雪	袖
日	配	範	付	舞	粉	文	並	方	約	融	理	流		

Q108

答えは232p

			許				花		本
耳		除		拠				髪	
	海						里		学
八		闘		類		猿		設	
	家		鳴		差				
			価		数		図		
	教						強		極
				金				気	
			飲		灯				
悪		情		旅				熱	

Check!!

愛	屋	化	画	解	覚	感	計	圏	嫌
剤	山	散	師	指	試	宗	出	書	証	人	石	千	掃	争
大	庭	徒	南	百	物	明	免	木	問	列	奸	籠

10マス×10マス

Q109

答えは233p

	不		■		途	■	時		列
■		■		悶				■	
	知		■		脱		外		■
葱	■	比		■		尽		遊	
	急		■	感		食			
機		■	防		親		■		
	直		■		師		■		子
配		■	学		社		場		■
■		愛		■			通		炎
金		風	■	未		児		膜	

Check!! ➡

医	一	雲	円	下	火	菓	会	間	戯					
挙	苦	恵	系	穴	券	肩	交	指	周	熱	承	症	寝	須
浅	足	着	堤	転	当	熱	博	網	予	力	屏			

Q110

答えは233p

	無		標		語		後		部
				抗		風			
	慮		広		媒				秘
必		民						認	
	注						益		
				暖				華	
			波		料		人		記
隣		所		静				竜	
			情		取		伝		船
好						織			

10マス×10マス

Check!! ➡

意	遠	温	介	外	寒	間	義	況	近
屈	経	計	公	江	告	事	実	準	緒	進	善	組	体	聴
頭	馬	舶	票	不	法	味	黙	友	有	余	要	理

Q111

答えは234p

	難		座				弁		
		禁	導		部		祝		袋
			業			夫		仗	
基						作	白		
	鼻				縦	鱗			
自		研	生				花		
	揺		道		一		大	収	
制	男		平				草		画
	手						事		
			共		金		折		付
	先						頂		

Check!! ➡

陰	羽	塩	押	解	儀	急	漁	型	慶
権	御	公	口	工	仕	師	紙	主	受	修	女	随	戦	前
操	存	丹	鶴	点	等	動	内	入	布	粉	兵	放	鋒	万
薬	料	録	和	慄

Q112

答えは234p

			格		源				看	
血		値		摂				規		前
			賞		雲				擬	
命				成		荘				食
	動						選			
泥			病		東		工			品
			面		遠		漁			
		柄		因						
	庭		効					高		判
		周				後		縫		在
	満		的				鰭		帯	

Check!! ➡

運	餌	円	縁	横	屋	臆	価	家	果
獲	革	観	業	靴	芸	厳	鉱	最	裁	賛	氏	爾	所	人
酔	雀	泉	大	談	地	坪	店	糖	板	尾	法	望	膨	無
模	揺	洋	率	料

11マス×11マス

Q113

答えは235p

	展		■		■		務		歓	
生	■	基		的		権		驚		■
	童	■	棚		工		仰		■	
■	題		紙		居		動		記	
	作		京		■	補		■		
■	事	■	船			■				
		釜		寒				親		
社		報		蛇		■	雲		兄	
		発		熱		夜		機		
			星		分		玄			
	魔		王	■	回		券	■	士	

Check!! ➡

闇	遺	家	会	開	関	喜	呼	後	候	
告	佐	債	雑	児	式	芝	射	新	人	数	足	族	帯	大
地	帳	椿	天	頭	内	入	破	父	風	物	本	明	雷	里
話	閣									

120

答えは235p

	日				非		偏			
草		荒				関		厚		卵
	氏		菜				百			
御		火		三		州		大		
			追						半	
				免		不		指		
	久				認					
続		車		証		解				脈
	説				図		土		勘	
		細		流		群		雷		協
	文		祝				田		評	

Check!! →

疫	可	過	快	角	期	儀	急	許	検
原	山	産	持	煮	手	重	熟	小	焼	神	数	是	星	千
戦	単	地	長	定	凍	難	八	髪	放	明	紋	野	愉	悠
葉	力	例

Q115

答えは236p

			事		省		痛		
無		情		惑		逆			文
			尊		内				
義			愛		知		合		説
	想				悪		司	等	
実			禍				奇		隊
			難		苦		武		
大					牛				
	私		助					工	
借		芸		就			味		粘
	族		議		期		感	陶	

Check!! ➡

	一	加	家	会	回	快	海	学	起	救
虚	敬	五	公	行	細	三	士	紙	七	主	術	小	乗	人
成	戦	像	憎	待	探	土	闘	乳	任	八	表	不	風	物
兵	本	理	列

答えは236p

	子				却		間		最	
二		前						草		宿
	大		種				切		校	
		番		似		絵				
	観		選				憲		刷	
若		思		力		文		法		陳
	遠				産				療	
人		分						国		謝
	差				神		一		内	
満				密		計		手		剣
		伝		光		器				

Check!!

羽	駅	下	化	械	学	額	顔	寄	岐
期	喫	局	厳	考	菜	仕	治	舎	重	章	新	正	精	代
土	統	踏	突	板	秘	別	傍	万	無	裏	慮	料	量	類
冷

11マス×11マス

Q117

答えは237p

	愉		■		見		■		眼	
可	■	楽		居	■	間		曲	■	餅
	争		語		固		■		路	
力	■	弥		祝		■	■		■	身
■	後		大		■		老		■	■
公		■		■	限		望		■	
	■		正		■		我		里	
■		偽		交		■		舎	■	頂
	構		分		商		引		矮	
果	■	金		玉		■	■	車		屋
■	拠		会		約					

Check!! ➡

隠	家	科	快	海	虚	郷	鏡	軽	結					
肩	抗	号	座	際	山	事	辞	取	寿	小	条	真	人	水
世	生	線	僧	双	奏	束	体	達	仲	直	通	田	不	無
論														

Q118

答えは237p

	排			土				工		
踏		瓶					餓		星	
	胡			場				蓮		
乱			雨		出				美	
	塩			兆		然				
稽		子		線		漸				院
	今		睡		遺		加		度	
		往		熱		導				腕
			元						間	
逆		葉		学				待		地
			斎		訪				千	

Check!! ➡

	一	華	期	記	飢	鬼	詰	虐	金	言
古	午	座	雑	施	児	自	手	秋	所	書	辛	図	水	前
増	速	体	壇	値	程	伝	二	反	風	復	麻	問	容	率
力	歴	驟

Q119

答えは238p

	様		鳴		海				限	
理							言		僧	
	千		入				説		改	
			案		子					
	万		境				済		口	
	世				家		為		行	
					式		動		視	
主		女			闘					
								率		
			財				面		水	
	急		当		空		事		拍	

Check!! ➡

異	演	応	界	乾	管	危	機	給	巨
峡	鶏	公	工	差	札	山	実	車	手	諸	数	正	戦	体
大	値	聴	天	伝	頭	道	内	猫	能	百	物	別	返	弁
坊	房	無	模	門	優	有	力	話

答えは238p

	願		三		四				真	
望		勤						実		関
	門		半				雨		暴	
				舎				草		資
	生		孫						道	
然					判					
	表		空		枕		交		神	
		遠		炎		没				験
					午		一		異	
歩		制		熟				極		
			存						児	

Check!! ➡

縁	温	下	家	覚	隔	寒	感	機	気
敬	経	計	後	御	悟	校	行	合	志	自	写	書	触	審
人	睡	数	祖	端	断	知	田	投	童	日	如	敷	万	夢
娘	葉	離	両	涙	露	論

11マス×11マス

Q121

答えは239p

	葉		養		通				公	
竹		天		糸		売		金		守
	雨				口				目	
			歯		手					影
		方		脂		栗				
胡		塩		平		低				師
	縄		鹿						賜	
歳		悲				殺				賛
	代									
				動				約		
	古		者		圧		機		架	

Check!! ➡

			印	延	奥	恩	温	下	学	掛	冠	貴
橋	菌	駆	契	稽	劇	考	蚕	子	時	自	書	助	商	松
賞	上	身	晴	誓	切	粗	属	茸	点	頭	二	梅	樋	法
麻	脈	鳴	毛	毬										

答えは239p

	接		精			小		采	
		江		教			弱			
			建		得		先		正	
静		前		梅				海		作
	世		禁		法		火		活	
美		麗			験					
									炭	
品				蜜				挽		期
	白		母		三				声	
午		上		行						紙
	任		事		四		文			

Check!! ➡

				意	雲	歌	画	会	回	閑	鋸	近	句
屑	戸	後	御	誤	山	算	姿	治	辞	手	酒	縮	術	女
匠	色	人	水	性	大	桃	動	配	蜂	昧	密	明	木	目
薬	溶	李

11マス×11マス

Q123

答えは240p

	径	■	留			■		信		■
透	■			■		味	■	有		酸
	滅		電		波	■		品		
■		幸			■	得		■		水
	■		般		散			■		
恋				白		■		業		
■	仕		湯		屋		船		利	
夢		妓		夜		■		猛		描
	役		回		肉		鳥		戯	
■						分		■		■
	足		線					■	本	

Check!! ➡

井	因	雲	煙	化	過	画	骸	格	器

基	機	帰	給	漁	興	襟	形	権	現	作	策	磁	若	守
秋	獣	初	所	審	親	先	素	多	仲	点	鍋	如	肌	髪
半	不	舞	物	保	明									

答えは240p

	足		文	■	遺		物		聖	
■		■	術			■		事		■
	山		■		■				■	
影		屋		■		課		■		比
	木		■		公		関		■	
御		■		■	運		瓜		顔	
■		談		■		■		■		■
下		話		走		線				急
■	間		■		■		海		浴	
天		望		鏡		穴		■		
	■		■		菓		■		地	

Check!!

悪	意	衣	域	蔭	縁	遠	火	開	害
汗	岩	議	久	恵	芸	戸	故	考	講	査	策	察	三	子
師	失	実	場	須	水	世	西	税	体	対	題	堂	二	馬
非	膝	品	敷	柄	奉	命	餅	楼	滓

11マス×11マス

答えは241p

	放				吸		既		事	
				硬		虚				用
	後				体		名		刷	
睡		筆						猿		案
					計				民	
比		上		来		価				
	車		血		抱		打			
		三		勝		所		鉄		巻
			日				仰		浣	
顔		世		口				下		武
			隈		樽					

Check!! ➡

		一	仮	家	火	課	界	柿	角	肝	強
啓	撃	権	犬	肩	見	午	公	市	実	手	重	宿	熟	出
術	信	新	成	請	席	舌	千	値	朝	天	途	拝	布	負
変	簿	野	両								

答えは241p

	城			修		目		奉		
列		戸					粉		手	
				女				合		
木		放		法		装				
	介				花			葉		
		摩		薬			樽		市	
						界		霊		
十		支		師		代		驚		
			草					記		
					上		嫌		漁	
	船		馬		彼			材		

Check!! ➡

					悪	異	科	開	角	艦	機	魚	競	迎
言	護	剤	仕	四	耳	狩	重	場	雀	世	雪	戦	送	束
填	天	道	南	二	入	尿	売	白	板	範	必	瓶	方	北
魔	満	門	柳	羅	利	料	疇							

11マス×11マス

答えは242p

			極		詮				年	
丹				紫		引		物		暖
	頭				断				子	
三					時		定			
			作			氷				
一		言		予		外		便		屋
			演				簡		休	
鋭		俗						海		腸
	地			査		雪				
			進						細	
	儀			力		鍋				

Check!! ➡

悪	意	雲	家	鴨	勘	間	贔	期	規
戯	球	窮	禁	菌	国	紺	些	索	算	者	手	出	女	床
甚	精	説	前	鼠	想	大	当	内	脳	肌	平	片	房	奔
本	万	揚	葉	利	律	邁

答えは242p

	連				大				漫	
意		文		家		芸		人		遣
	復		箱		蛇		面		滅	
		限		下		部		円		場
	本		不			電				
行		懸				食		投		
	伝		内		話				代	
		一		禍		如		露		肉
			魚		出				鎮	
路		帯		悪						
			仕				今		歌	

Check!! →

案	衣	雨	会	外	旗	宮	血	古	工
刻	魂	祭	昨	事	謝	集	城	水	相	側	足	地	注	統
縄	能	派	盤	筆	姫	腹	分	報	霧	網	来	輪	列	浪
和

11マス×11マス

Q129

答えは243p

	緑		等		大	■	竹		■
■		金		■		有		■	視
	色		級		■		■		査
破		回		■		類		検	老
	食		■		簡		迎		無
■			■			集		叡	
			本		■		醬		蒙
御		光		常		灯		三	
■		頭		見	■	鎖			■
■		道		不		出		干	地
	復		命		■		交		

Check!! ➜

		運	黄	快	街	監	脚	魚	凝	古	公
紅	国	骨	書	渉	新	身	数	世	船	送	蔵	袋	拓	探
知	虫	難	日	比	文	平	報	防	没	昧	夜	友	来	率
料	林	輪	六											

答えは243p

	火	■	自	満		■		狂		
		戯		等		早		田	■	高
	■			■				■	無	
影		者	■	鳴		巻				
■	士		代		■		衣	■	大	
街		筋		入			■	推		業
		■			運			■	化	
	■	質		栄			■	力		文
	行		雨		■		奪		■	
		段		■		談	■	格		技
	致		石		■		別			

Check!!

一	稲	縁	下	角	冠	鬼	球	漁	強
勤	決	言	限	己	厚	刻	妻	作	試	式	狩	畳	進	勢
足	卒	転	投	闘	道	肉	能	判	半	武	物	柄	門	与
落	乱	類	論	拉

11マス×11マス

答えは244p

	描		蕎				解		棄	
		生		秋				句		謀
			腹		軍				心	
難				百				点		
	主		分		馬		木			
遠				元				配		金
	家				手		景			
反		辞				入				
	組		間						文	
精		対				料		池		院
	楽				焼		撃		偽	

Check!! ➡

延	穏	瓦	観	漁	狂	業	禁	訓	型
鶏	権	古	候	国	骨	写	術	書	色	神	酔	数	世	成
接	先	千	素	遭	造	電	当	読	燃	麦	八	柄	万	民
面	目	来	話

答えは244p

				産		皮				
母		回				優		親		
	面		路				鬨		供	
操		多		目		杯		内		薬
	間				本					
形		籍		乱		流		円		
	孤		奮						球	
						雨				会
	院				分		伝		工	
岡		治		食		獣				
	久				方				表	

Check!! ➡

医	一	迂	鰻	雲	宴	漢	帰	気	屑
軍	芸	血	虎	国	子	紙	児	持	春	勝	殖	人	迅	政
星	声	接	川	大	卓	程	統	闘	道	肉	背	箱	服	宝
傍	溶	療	力	丼

11マス×11マス

答えは245p

	錦		湿				温		気	
		濃		教				質		宙
			小		受		卵		偏	
平				霞		神				
	一		日		文		省		痛	
油		極		動				瘤		破
	戸		会				化		旋	
					酸		調			
	法				垂		踏			
蘭		正				上		捕		帳
	瓜		光				美			

Check!! ➡

		綾	意	井	咽	陰	宇	炎	科	眼	議
均	鯨	懸	検	鯉	査	授	縮	春	食	真	精	西	籍	切
泉	僧	端	虫	頭	乳	背	布	風	仏	物	脈	面	律	両
力	几

Q134

答えは245p

	雨				水		工		伯	
枝		気						婦		
	旅				下					
侠			牛		辺					念
	機		原		打				衆	
記		魚						生		
	測				傷				任	
装		初		参		外		員		地
	土				慮		歓		覚	
				文		国		図		
	際				立					

11マス×11マス

Check!! ➡

委	一	鋭	謁	怨	縁	往	憶	加	会
海	観	館	客	空	警	献	見	交	口	考	産	実	爵	書
状	星	扇	相	置	仲	長	的	天	倒	梅	俵	表	夫	撲
枕	民	面	雷	恋	撥

Q135

答えは246p

	後		覚	■	奈		■		烹	
髪		如	■	優		■		箸	■	想
■	有	■	義	■	朝	■	飯	■	一	
紋		■		壮	■	神			■	兵
	■		■	名	■	消	■	当		
■		利	■			■	敬	■		万
	童	■	金	■	位		■		■	
鹿	■	■	懐	■	汗		■			鏡
	地	■	鉄		乳	■		段		
筆		■	硫	■		■	降	■		餌
	■	鈴	■	菌		■	■	内		

Check!! ➡

亜	意	下	河	火	華	割	機	騎	御
口	菜	剤	傘	酸	失	手	小	昇	食

疹	人	制	千	前

粗	大	着	沈	頭	馬	箱	不	付	本	勇	様	落	竜	良
類	虐													

答えは246p

	和		同		太		冠			
箋		親								満
	養		母		腹				完	
海			町		案				就	
						連				
		人		脚		大				難
	股		原		靴			害		
季		枯		水		声				
	桜				楽		野		助	
扁					元				歯	
		絵		居		腐				

Check!! ➡

隠	影	音	外	危	救	携	懸	犬	鼓

垢	港	高	災	三	山	四	芝	者	小	職	神	成	草	超
鶴	桃	豆	踏	豚	二	敗	肥	飛	付	父	平	補	暮	味
未	命	雷	里	郎	蝗									

Q137

答えは247p

	新		■		鬼		■		算	
■		■	死		筋		質	■	命	
	者		滅		間					■
活		需		遠		地		商		気
	悶		側				力		■	
	無	■	法				■	壮		
■		賃		外						
晩		飯		敵			心			
	影	■	空		■	和	■	描		
土		流	■	上		審	応		真	
	■		着			災		知		

Check!! ➡

		宇	卸	火	餓	塊	壊	隔	肝	機	強
近	苦	圏	拳	御	告	参	視	写	勢	星	生	戚	石	絶
前	早	駄	大	中	超	点	度	道	肉	売	薄	皮	必	不
報	用	離	陸											

答えは247p

	平				示				作	
				秘		画		的		政
	名				現				寡	
益		南				剛		辻		
	大				書					
一						保		法		格
			圧							
客		価		香		料		談		室
	行		城		酬		失			
日		永		蔵						
					凶		園		品	

Check!!

逸	瓜	仮	家	雅	概	楽	期	極	金
芸	劇	権	見	元	厳	限	三	傘	指	種	住	汁	笑	情
人	昔	説	占	線	存	代	単	等	筆	婦	封	亡	本	味
無	黙	役	蘭	留	録	話

11マス×11マス

Q139

答えは248p

	乳		梅		飴		就			
		性				紙		空		気
	発		寒				小			
		素		困						成
			鎖		余				果	
御		家				徒				陣
			孤		死		林			
縦		殿				砂				鼓
	模								禍	
				葉				転		悪
	品		柄		道				内	

Check!! ➡

		一	雨	花	絵	角	干	揮	機	脚	窮
軍	結	元	檎	航	酵	骨	搾	三	酸	姉	縞	書	色	食
人	塵	生	青	舌	造	太	袋	単	糖	豆	独	標	病	貧
封	様	流	輪	路	論	呵

答えは248p

	通				集		理		引	
主		一						折		
	玉				成					
御				替		色				眼
				機		浪				
香		野				生				養
	噌		単						科	
胆		酸		自		継				家
			如		郷		本			
				処				源		郎
	事		程		昭		基			

Check!! ➡

何	開	議	魚	供	教	屈	群	欠	五
更	荒	菜	在	子	手	汁	書	商	心	新	神	震	石	責
挿	大	地	中	鶴	賭	等	独	日	敗	杯	白	費	微	物
飽	幕	味	率	両	力	簾	和

11マス×11マス

Q141

答えは249p

	足	■	地		変		■	起	
猪	■			■		■	言	■	格
	述	■	海		■		■	量	
■		石	■	感		移		■	
	■		明	■	報		学		論
唐	■	籠	■	光		氏	■	牌	化
■	暗	■	木		■		妙	■	拾
登	■	所	■	信		■		玉	産
	■	無	■	約		■		草	
商		■	門	■		■		■	造
	■	教		正	■	雇		■	

Check!! ➡

位	遺	渦	解	懐	改	殻	款	丸	規
記	遣	幻	源	御	口	魂	子	者	儒	宗	情	条	神	人
遷	創	中	通	灯	動	入	発	標	文	幣	薬	有	用	流
力	露	録	諫

答えは249p

	格		験		真		■		木	
■				盤		■		笛		色
	戸		■				戒		得	
河	■	身		■		字		帯		■
■	日					配	■	尽		
	■			人		■		碁		投
	猿		居		不		転		剥	
数	■	生		忠		■		骨		胎
	段		果		■				■	
制		吉		■		習		導		
	面		■		歴		揮		分	

Check!! ➡

案	偉	因	学	換	顔	軍	警	軽	権
献	御	誤	孝	江	頃	算	子	指	試	資	児	実	芝	珠
十	心	親	石	染	前	相	草	体	退	奪	値	置	仲	伝
遍	報	本	力

Q143

答えは250p

	防	■	耳		増	■	呉		同
■		節		■		薬	■	天	唄
	■		■	慢	■	音		会	■
壁			下		膝		■		題
■	軸				目			文	
課	■	精		■		■	験		雑
	糸		■		者		■	理	
			勇	■	筆	■		■	
	歯		■	統		地			■
世	■	甲		■	墟		力		撲
	礁	■	姫	■	合	■	水	■	

Check!! ➡

越	乙	介	絵	学	楽	掛	岸	亀	却
魚	金	句	経	撃	圏	元	御	高	受
修	舟	出	傷	上					
進	勢	跡	切	相	打	駄	伝	頭	年
廃	蛮	百	武	予					
容	卵	論	話						

答えは250p

	世		■		■	権		会		
遊	■	山		屏						
■		■	垢		土		衛			
不		一		客		前		下		備
	■		玉		品		余		■	
■		散				耐		■		資
	花		薬		悠				連	■
差		大		時		消				見
	南			■	密		■		■	
		■		到				所		
	豆			寶		声		物		

Check!! ➡

禍	外	覚	機	議	久	京	血	御	紅
国	腰	左	債	財	殺	産	指	釈	準	商	床	常	震	水
生	設	炭	投	湯	統	得	売	費	飛	浮	腐	風	兵	幕
味	目	門	役	来	練

Q145

答えは251p

	教				役		医		同	
				婦		施				
	本				状		法			
照		氏		姓		上				涯
	雨		寒						文	
間		脳		血		越				童
	内						威		的	
鼻				値		鉄				珠
			全		温					
				動				道		騎
	機		転		菜				仗	

Check!! ➡

		圧	安	一	逸	運	学	儀	筋	畦	健
権	源	産	師	字	時	質	緒	床	食	信	心	人	数	生
赤	素	則	調	天	糖	日	箸	被	貧	夫	兵	平	別	迷
野	薬	雷	裏	療	僉						

答えは251p

	花		月	■	再				鼻	
像	■	資		空				河		血
	光		氏		出				西	■
異				代	■	放		■		敬
		■			筆		子		山	
		別		行	■	羽		■		舌
	徴		発		精			■		
限		新		気		■		味	■	
■	見			■		中		酒		
越			労		仕		腕		騒	
		続		納		事		運		

Check!! →

意	鋭	音	関	宮	急	境	鏡	勤	苦
源	鼓	根	彩	執	象	色	心	深	神	進	水	接	前	沢
電	動	特	猫	年	燃	白	薄	氷	表	聞	米	奉	奔	輸
離

Q147

答えは252p

	■		安		■		■		風	
盤	■			■	間		挙			靴
			立		尊		果		内	
下		■			銭		陳	■		漢
■	曲		■				豆		■	
大				春						辞
	■		気		無		識		■	
提				方		図		場		
■	訴		■		腹		滑		国	
結		試		転		代		古	■	則
	実		■		算		■		情	

Check‼ ➡

意	雨	運	雲	外	核	換	起	教	空
訓	稽	験	向	寺	自	者	小	心	人	石	選	前	総	知
地	中	沈	追	的	典	湯	独	箱	表	腐	紛	呆	暴	本
味	命	目	輪	和	頌

答えは252p

	飽				門		景			
酷		独				超		客		価
			治						色	
渾		一				急		夜		虫
					慢		玉			
		手				講				
	算		分		辻				世	
黒		回		木				都		職
	接		換		車					
				荒		事		主		核
	医		品		方				侠	

Check!! ➡

				唖	安	暗	異	厭	過	我	格	鴨	乾
緩	観	気	義	業	検	御	光	行	合	骨	座	時	自	辞
首	獣	出	勝	心	身	正	然	体	単	転	堂	特	馬	番
面	露	和	儘	螻

答えは253p

			導		熱		息			
笹						電		流		型
	勝				夜		遺			
八				羽		仁		家		
			子		左		長		現	
桜				戸				報		迷
	源						舌		小	
帰					合		票			
		売				城		原		
本		取		視				馬		
			退		宿		町		定	

Check!! →

引	卸	下	加	歌	火	義	郷	熊	言
広	江	稿	刻	根	作	獅	手	重	出	女	商	場	身	世
成	泉	線	前	巣	帯	棚	敵	田	桃	能	白	百	評	品
併	野	誘	揚	率

答えは253p

	降				強		便			
行		品				回		心		戦
	挙		簡				休			
車		瀟		独						磨
	御		落		修				発	
勝			同		反		用			標
					一				観	
口		弁								
	陀		文				源			
有		類		上		子		素		人
			薦		剤		陽			

Check!!

		音	下	暇	勘	客	急	撃	光	好	財
作	志	氏	自	者	手	書	乗	推	性	正	対	袋	奪	単
壇	地	調	的	島	頭	百	不	勉	無	遊	雷	利	理	列
練	浪	論	洒											

Q151

答えは254p

			言		色		双			障
爛					硝				郷	
	遊			筆		座		団		寝
創		神		月		義		焼		玩
	向		愛		海				五	
工		奇		天				華		
	婦					八		道		心
			星				略		俵	
		物		力				回		司
正		表		名					納	
		曲				葉		線		試
所					梅		衛			

Check!! ➡

絢	意	異	鉛	塩	王	家	箇	絵	外
街	蒲	間	岩	帰	及	具	警	肩	験	故	誤	巧	紅	作
栄	子	枝	持	車	人	水	船	詮	前	想	賊	代	奪	中
訂	徳	肉	夫	法	牧	漫	味	無	輪	令	霊

158

Q152

答えは254p

		氷				目			載
木		画		裁		長		我		者
	権		禁		子					栗
六		管		塔		満		中		
	化				寒		熱		血	
銭		人							純	
			市				理		華		正
公		浴				験		謹		実
				合		進				
			夜		徒				力	
	鉛				自			書		水
		算		尽		草		流		操

Check!!

亜	闇	衣	井	一	演	下	記	給	魚
月	厳	行	財	止	試	車	受	衆	処	初	場	色	真	世
制	清	然	鼠	足	村	大	団	聴	直	呈	頭	南	能	判
斑	版	盤	筆	武	文	歩	枕	夢	無	面	洋

12マス×12マス

Q153

答えは255p

	餓		汚		返				填		牛
		門				新		実			
					花				動		馬
非		開		歌						内	
		送					責				
						骨		期		手	
	度				筋				尾		選
泉		出		心	風		鶏				
	求				純				頭		問
自				乱		詩					
		歩		八		約					意
伝			中		六		解				

Check!! ➡

愛	一	飲	温	感	機	飢	鬼	極	寓	迎				
鯨	劇	見	戸	公	口	差	散	試	事	似	識	者	取	集
充	叙	上	食	人	籍	跡	染	双	題	壇	鉄	徒	当	道
毒	任	不	物	分	粉	偏	放	末	無	名	模	野	来	呵

答えは255p

	都				成		履				徒
実		外		語		唯		行			
	温				紙		重		福		草
		質		葵				雑		退	
	宿		花						歴		会
次		息				産					
	刺		雪		鍋		半				中
		春		方		追				題	
			神		模				情		夏
点				陣				担		香	
	吸		鬼		図				証		冬
楽					頭		定			団	

Check!!

安	一	学	鑑	器	議	拠	血	圏	検
呼	幸	左	祭	試	式	社	首	寿	修	熟	出	上	吹	青
扇	泉	然	礎	造	土	馬	博	表	賓	負	複	分	平	保
訪	没	無	命	野	来	雷	炉	話

12マス×12マス

答えは256p

	華		真				家		動		太
養		改				歯		然		舌	
	直		美				髪		源		
		統		判				審		目	
			略		午				察		海
理		力		前				員		年	
			術				商		乾		
段								店		奉	
	下				葉				人		
雨				感		配					
			速		投		手		不		意
羽		車		原		用					

Check!! ➡

	栄	解	学	季	偽	客	魚	系	計	結
元	戸	鼓	御	公	稿	合	豪	黒	根	査	傘	算	子	紙
事	主	集	書	省	深	睡	線	善	素	騒	談	地	置	中
乳	如	納	売	病	敏	風	平	片	万	無	落

答えは256p

	管		■		持		祷		事		通
■		■		工	■	念		腹		■	
	職		■		育				■		条
学	■	民		品		尾		分			
	直	■	涯		手		■	先		武	
■		出		泥		■			議		■
	日	■			■		■		■		能
■		源		合		写				恵	
	■		人		仏		青		■		愛
土		■	境		液		虚		■		
	不		一	■	団		戦		関		弁
妖		■		天		■		録		■	

Check!! ➡

			案	羽	運	恩	加	気	祈	記	空	係
光	妻	士	支	試	射	尺	就	竣	商	情	食	信	心	新
真	薪	水	成	生	精	西	体	代	題	知	地	当	統	陶
難	熱	八	筆	描	無	命	模	野	約	理	率	流

12マス×12マス

Q157

答えは257p

	蓄		駄		落		封			乳
	車				女		国			
						軍		結		菌
需			打				管		武	
	水		柱		綿			御		置
児		盤				海				
	歌		低		圧		親		知	
手		発						束		肉
	日				釜		記		団	根
			任		失				換	
	一			間						術
霞		茶		事		率		垂		

Check!! ➡

雲	音	火	解	核	気	球	給	業	銀

健	券	建	懸	拳	後	碁	交	策	算	酸	歯	者	春	将
掌	人	制	石	雪	先	装	存	賃	電	当	豆	童	内	念
配	博	範	飯	番	備	不	本	里	力	連	洒			

Q158

答えは257p

		彼		隠		自					壺
表				非		耐		力		足	
	工				認		寒				慮
発				開		脳				線	
			曾		鳴				魔		雨
途				無		経				様	
				類		敏					
国		投						時			
	間		決		点		一				巾
隣		愛		鬨						役	
		景				居		守		婉	
所				象		報				謡	

Check!! →

				謂	歌	過	蛙	顔	帰	気	曲	近	計
言	公	作	雑	士	子	似	式	重	勝	上	情	畳	寝	神
人	睡	是	蛸	誰	端	鳥	賃	天	展	殿	忍	波	配	比
票	不	布	伏	未	民	木	有	猶	予	裏	留	腕		

12マス×12マス

Q159

答えは258p

			花				造		午
主		医		樹		図		典	的
			落	況	過		枠		編
制			束		苦	性		反	
	神			煩			影		
漁									
			向			馬			釜
高		舟	輪	機		面		味	
	戸			職					口
国		見		市	耳		増		
				俗				車	筆
寺			権					中	

Check!! ➡

					亜	悪	院	羽	果	火	海	絵	獲	学
楽	旗	規	記	響	型	後	御	光	構	頃	債	際	札	雑
子	治	自	式	重	述	場	状	診	水	瀬	村	舵	端	陳
転	道	年	悩	白	風	物	分	方	本	民	無	問	労	

Q160

答えは258p

	金		役				百				晴
		案		戦						辺	
	定		景		地		一		識		腕
視		異				門				得	
	受										
				系				曜			
	生		事		書		文		突		口
		躍						面			
	先		国		録				台		河
奥				易		策				敷	
			樹				式				
中				身		世		外		団	

Check!! →

黄	家	果	画	皆	郭	釜	勘	感	簡	既
傑	見	験	後	交	高	合	黒	獄	頃	座	字	七	蛇	狩
首	出	女	勝	松	場	色	進	人	尽	図	水	性	石	足
体	大	談	知	天	童	破	不	付	布	物	目	欲	立	略

12マス×12マス

Q161

答えは259p

	手			作		抽				木
蔭		後		理		体		足		
	懸			民		旋		朝		坊
虫			題		神		連		待	
		半						進		歩
			際		牛					
	心			定		母				者
吸		注					根			
	同			制		脳				国
細			圧						納	
	異		人			塞				外
湾			勢		転		草			

Check!! ➡

悪	意	為	翁	屋	肝	帰	桔	逆	曲	
偶	形	月	限	戸	御	候	工	巧	梗	行	指	時	執	射
出	処	賞	城	寝	垂	接	折	前	早	滞	退	天	難	日
乳	風	分	法	邦	堀	無	網	葉	要	抑	裏	話	籠	

答えは259p

			有		力		口		文		消
生		年		責		内			主		
			舌		御				統		器
				均							覇
	真		目		場		乱				圧
動		妖		寄		堀		牛			
	声		手		金		策				機
登					勘					約	
	念		物								画
		陀		楽				神			
	踊		伝				様		師		代
足		継				義		荒			

Check!!

引	演	奥	屋	音	化	家	荷	外	気
記	契	経	血	語	紅	産	士	時	蛇	祝	縮	書	承	焼
制	節	銭	台	定	的	闘	波	薄	迫	範	筆	不	付	風
仏	平	弁	没	万	民	無	面	裏	丼	姜

12マス×12マス

Q163

答えは260p

	題		■		間		■	金		雑
屋	■	来		■			病		未	
■	青		■		光		面		完	■
		■	齢	■		名				
	年		状		木		歌		試	品
精		春		海				百		
	楽	■		■	糸					害
統	■	新		陸	■	実		■	機	■
	番		■		河		習		■	覚
	■		■			生		■		
		索		■		■		■	明	
入		角		火		灰		壊		方

Check!! ➡

	一	引	運	演	臆	仮	賀	解	外	垣
寛	感	危	魚	供	契	月	健	見	遣	原	公	口	合	些
山	射	手	樹	熟	書	少	食	神	遂	姓	石	接	詮	全
総	大	鳥	殿	土	踏	姫	便	訪	豊	綿	問	林	鬱	闇

答えは260p

	砕		飛				雨		線		遺
		下				空		衛		人	
				間		御		穀			
文		評				国		替		愛	
	妓		理					傷		景	
総		不			相				意		
	議			煙		援					
算		内		子		哀				地	
	奉		姫		憂				粉		星
大		事		配						押	
		績				約					支
番		者		元		法		網			

Check!!

案	為	違	一	応	歌	花	外	気	記
給	魚	京	業	金	屈	芸	決	固	戸	護	好	号	婚	仕
時	収	愁	秋	硝	心	刃	図	跡	前	鳥	弟	度	破	馬
白	氷	分	務	慮	鱗	類	恋	論	和

12マス×12マス

答えは261p

	仲					水		背		力
漬		舞		照			柱			
	産					窟		角		層
生					察		適			
		謀		慮		検				
本		夜			免				響	
	信		分		課			符		芸
危		感	恋				株		客	
			物		護	髪		景		
					擦				性	
	完			壇		大		圏		趣
練		熟		訓		忠			連	

Check!! ➡

			愛	悪	一	員	雲	疫	遠	沖	温	音
外	学	汗	観	機	気	議	宮	距	教	琴	筋	考	材	参
残	仕	字	質	深	臣	成	税	切	台	通	店	東	湯	頭
動	洞	篤	肉	補	呆	摩	味	未	明	卵	離			

Q166

答えは261p

	磁		■		一	■	本		■		椿
気	■	高			吟		■			波	
	割		空		事		造		所		瓜
	■	加	■	礼		甘		■		栄	
■	豪			■	暴		■		■		
古		度		推		■		学			■
	望		観		■		殻		答		書
	■		■		塚		皆	■		■	
		式		吸		■		■	用		
岩		具	■	称		延		戦		絶	
	■		作		亡		■		■		切
地		■		政		■		品		尼	

Check!! ➡

為	逸	疫	縁	架	解	絵	貝	冠	寒
艦	希	蟻	球	挙	郷	見	呼	合	獄	今	私	寺	耳	者
酒	鞘	醸	石	船	測	速	尊	台	大	長	的	電	途	箱
板	腹	分	返	弁	坊	無	命	問	余	溶	利	露		

12マス×12マス

Q167

答えは262p

		自			脈		光		成
名				荷		食			
		心			軽				品
上		意		周					失
	策		効			放			議
入		職			祖		謝		
	芸			号		花			権
願			楽		還			冬	
	架						米		砥
		中		選		金		懐	
			者		一		骨		
現		階			軍			藻	

Check!! ➡

遺	稲	員	烏	越	円	汚	奥	欧	雅	開
害	学	感	具	空	珪	型	鶏	決	元	玄	股	喉	航	合
祭	罪	残	肢	室	重	書	傷	髄	静	石	択	段	茶	追
土	同	得	内	二	能	付	負	風	物	紛	返	慢	率	暦

答えは262p

	従		脚				物				回
人		絵				療		敷			
	共					世		住		録	
			代						番		
	国		場		跡		末		意		悪
釈		薬					貪				
	日		模		生		目		的		
					内		全		州		
	月		図								大
		合		育				動		航	
			灯				端				
句		点		系				戯		機	

Check!! ➡

安	異	永	屋	家	架	会	海	覚	紀
居	挙	空	劇	嫌	元	現	顧	光	公	荒	史	始	師	児
治	自	式	主	終	所	心	診	進	水	体	態	地	中	帝
天	途	都	統	読	範	挽	歩	本	幕	毛	欲	流	路	和

12マス×12マス

Q169

答えは263p

			我		中		侍		将	経
雲										
	汗			言		切		面		協
秋		不		律					響	
	鳥			丈		上				
			反		為		年			
			山		代		財		生	本
理			賃				子			
			動		選					行
義		兵		相					恋	
	猛						習			情
着		地		図		券		例		

Check!! ➡

				一	鰯	運	影	英	越	演	横	慣	関	岩
寄	挙	況	局	銀	屈	玄	口	合	済	脂	失	主	手	獣
書	食	心	水	千	造	足	替	大	題	団	断	虫	猪	豆
二	日	納	背	板	百	表	文	慕	宝	慢	夢	無	勇	力

答えは263p

	学		介		犬		虎				防
病		歳				牙		背			
	無						郭		葉		頭
			可				孫				
	毛		角		過						
甲		馬		砂		植					常
	相		削		機		陰		道		間
		加				頃		炎		意	
							宿		跡		
蛇				玄				面		悪	
	温		計		門		町		狂		物
原				段				流		飛	

Check!! ➜

疫	外	関	岩	器	亀	巾	形	鶏	月
減	言	語	誤	護	公	広	攻	合	災	菜	算	子	歯	時
手	樹	助	城	場	神	尋	先	前	足	駄	地	通	兎	度
入	認	猫	半	非	表	夢	木	幽	陽	藪

12マス×12マス

Q171

答えは264p

			弔		顔		真		生		体
骸			謝					常			
	格						面		学		的
育		息			軍					極	
	肝			助		清		徒			鱈
			思		吹				技		
	要			山				走			
金		野					空				
	目		竜		蛇				密		書
		争				羽					
	見				刷				国		
兆		温		知				足		声	

Check!! ➡

					安	案	慰	衣	一	援	縁	化	架	臥
蟹	滑	機	休	究	競	教	駆	慶	系	故	御	骨	災	罪
残	司	子	視	写	重	場	心	新	水	正	属	聴	沈	痛
頭	日	入	尾	評	文	命	毛	紋	予	料	恋	論	棟	訛

答えは264p

	亡			略		火		石		茄
會		影		士		試			拍	
	無		籤		霊					
		脱			片		名			
	陸		嘘		百		面	意		悪
首		国				本		踊		下
	長			紅		踏		海		浴
			指		社		現			
		手		御						染
山		色	端						点	
	出		異			器		成		膝
鳴		入		期					饅	

Check!! ➡

宛	衣	汚	仮	会	旗	境	験	限	語
鉱	合	策	子	字	車	蛇	尺	酒	十	象	上	食	人	吹
水	数	像	憎	打	大	地	着	鳥	殿	頭	突	日	八	晩
尾	不	富	舞	物	未	薬	有	用

12マス×12マス

Q173

答えは265p

	舵		直				配			円
縦		常				易		牛		
	次		降		量				学	会
		二		渓		口		試		
			辺		免					
不		一	検					品		生
			行				傷		星	度
						防		好		合
	利				素		徒		市	金
差		全		像		無		果		茶
	軽								粉	羅
因				断		属			氷	

Check!! ➡

	安	衛	疫	火	花	画	街	滑	眼	議
脚	許	供	業	群	芸	交	国	砂	砕	耳	遮	種	汁	所
食	診	尽	水	席	雪	船	操	楕	体	第	卓	天	都	統
頭	毘	筆	法	目	問	容	理	率	流	療

答えは265p

	高		■		民		小		一		鶏
■		■		木		無		算		■	
	芝		■		井		■		落		■
彎		飛		■		袋		八		輪	
■	山		■		端		原		大		心
団		■		替		灯		■		起	
	■		執		旅		■		会		物
目		■		楽		■		力		鑑	
	海		■		■		蹄		懸		金
根		■		家		■		容		■	
	■		祝		能		■		■		緞
悪		縁		磁		■		者		■	

Check!! ➡

				因	猿	塊	界	学	梶	疑	客	居	屈
栗	形	芸	固	戸	御	行	最	子	市	詞	車	首	賞	植
深	人	寸	性	代	段	中	潮	鳥	底	天	頭	内	入	馬
肌	発	番	豹	面	油	羊	理	両	麗	籠	絨	襴

12マス×12マス

Q175

答えは266p

	長		錯				眉		基		法
		判		聴				的			
	義		不				秀		局		
令		突						人		信	
	度		意		衝			付			
		連		鋭		分		化		明	
		鴨				秘		雲		帽	
冬		軍		狼		年		酒		童	
	棋		紫				集				
円		投		守						劇	
			開		身			歌		説	
味				眠				旋		呪	

Check!! ➡

		烏	演	煙	蛾	凱	外	格	覚	緩	気
仰	極	厳	護	講	合	頃	些	催	子	視	収	熟	術	所
将	少	塵	制	噌	打	談	地	天	如	盤	被	表	文	癖
本	目	優	悠	螺	律	麗	論	話	呑

答えは266p

Q176

		単		針		本		新		軸
懇			楽				派		内	
	孝					議		衣		
銀					見		酒			
			土							投
黄		時		休		山		肉		
			略				梅			
				訪					興	
	明					前		戦		症
為		防		着		実			量	
			稽		後					促
変		閑		鳥		活		酸		

Check!!

杏	雨	謁	音	嫁	火	会	海	寒	簡	眼	機
帰	蟻	急	計	劇	古	行	克	昏	座	産	住	哨	焼	食
心	親	診	水	性	生	千	線	素	鼠	叢	即	池	置	転
陶	独	販	票	物	民	問	有	遊	葉	力	林	類	歴	眠

12マス × 12マス

Q177

答えは267p

	顔		笑	■	拙	■	拇		■	善
天	■	概		光		度		揮		油
	磯				■	交		■		悪
■	鄙		成		■		■			
	巻	■			柿			■	粗	■
瓜		非		開		皮		用		尾
	産		■		免	■			改	逗
					病		簡		書	
			根				緑			
山		子	高		■				造	
	■	張		種				式		吹
斗		■	垢		床		動		淡	

Check!! ➡

		易	一	院	烏	羽	運	疫	外	垣	郭
額	官	歓	挙	業	御	公	荒	合	査	菜	算	指	糸	紙
車	手	渋	熟	親	水	性	精	声	青	雪	素	速	態	泰
長	南	破	発	板	苗	辺	放	北	末	模	葉	留

Q178

答えは267p

			蒙		想		垣		見		出
切		上		惑		精				乱	
	癖		販		促				書		風
擦		遠						評		産	
	不				便				意		記
				政		面				向	
				略		輪					友
洗		石				讃		号			
				服		御					染
		鳥		化		暖				声	
	魚		庫		呆						理
酎		張		人		団		交			

Check!!

為	一	雲	音	過	会	覚	学	感	歓
管	間	気	泣	局	啓	鹸	口	酷	根	混	札	思	趣	渉
焼	省	進	積	禅	足	舵	体	濯	痛	伝	土	二	念	売
番	飛	品	文	米	本	無	郵	礼	簾	路

12マス×12マス

答えは268p

	線	■	小		■	没	■	回		縞
魔	■	倫		■	目		血		■	
	御		屈		■	平	■		■	鼠
■		容	■	南		■		■	賊	■
	方	■	丹	■	邪		台	■		旅
行	■	不		実	■	脚	■	際		
	可		■		威	■	哀		■	
■		■		■	徒	■	染	■	吉	
	■	正		■		■	粉		■	
頭		骨	■	参		■		■	社	
■		戴		強	■		■	魚		務
肉		■	鷲		大		輪		易	

Check!! ➡

	偉	井	烏	花	海	蓋	冠	感	矯	均
金	狗	栗	桂	権	限	公	国	債	砕	三	指	者	車	住
出	症	織	信	真	神	誠	惜	折	船	壮	頂	直	通	殿
糖	年	馬	半	費	風	伏	兵	野	羊	理	列	路		

答えは268p

	世				支		傾				運
欠		去				軍		有			
			寝				本				共
不		嫌		違		金		産			体
			寒							子	
				虚		針		樹		験	
	覚								食		地
涙	仏		僧		棒						
		螺		拡					毒		
三		猫		肩				化		玉	
			頭						母		火
糖						量		素		鏑	

Check!! ➡

悪	葦	羽	援	温	海	干	感	款	器
機	空	元	幻	限	御	酵	国	獄	財	資	飼	辞	識	質
実	者	取	就	術	小	消	身	石	相	待	台	大	中	同
八	微	幅	法	無	命	毛	野	矢	約	薬	葉	卵	惑	籤

12マス×12マス

Q181

答えは269p

	沢		昧		遊	■		腎		臆
	■	原				■	読		疫	
■	単		光		船			草		
至		■		細		入		■		
	■		■		主			剣		負
		聞					善		機	■
	妻		交		公			白		高
輩			算		房			■	時	
	北		海		寝			夢		子
仮		■		婆		■	確		糊	
		煎		地				謀		合
言		■	肌		黄		比			

Check!! ➡

				閲	化	学	換	肝	戯	極	金	具	君
吾	稿	国	三	磁	社	修	醜	祝	出	純	勝	色	心	新
真	人	正	請	総	昼	鋳	的	薙	肉	美	病	副	物	分
文	宝	本	無	明	面	餅	卵	覧	霊	朗	老	贅

188

答えは269p

	積				平		高		圧		忍
笑		包							置		
	功		半				込				
道		観		輪		機		銭			
			土		婆				葉		素
			宮		片		粉		内		
	手				納				見		子
袋		飴		工		隻					
			面		禁				似		
視		経						老		羽	
			敏		症				嘆		姫
覚				謝				寿		軍	

12マス×12マス

Check!!

過	感	甘	眼	気	客	句	栗	形	言
御	碁	酵	合	細	傘	寺	遮	爵	障	状	織	真	神	水
星	醒	雪	太	大	坦	断	丁	聴	長	痛	転	倒	投	湯
徳	年	飛	微	不	分	法	鳴	洋	養	竜	緑	例

Q183

答えは270p

	■		至	■	浅	■	恵	■	白		義
急		■		神		■			■	年	
	■		■			寿	■	割		金	
在		公			怒		本				
	為		長				傷		■		
漁		幹		軽		楽		取		選	
	炎		風					鉢			捉
			景		烏		茶		宝		
	反			手							
							石		殿		
		平				居		伝		眼	
兎		屋		一		散		投		用	

Check!! ➡

哀	応	音	夏	歌	火	懐	外	郭	管
緩	閑	館	喜	拠	業	均	訓	肩	厳	源	口	紙	耳	自
射	捨	峻	勝	小	情	色	身	青	旋	全	増	択	脱	知
中	槌	漬	島	比	票	敷	福	物	慎	母	方	目	竜

Q184

答えは270p

	夏		並		抵		衝				奴
		極		国						血	
			天		義		波				方
胃		浄						第			
			足		玄		岩		重		音
			場					来			
	反					呂		格			
当		照				部				直	
	腐		野		馬		多		刷		砕
衛						分				陰	
	裸		貫		破						
象				用				茶		道	

Check!! ➡

				安	鞍	一	火	楽	漢	甘	眼	喜	岐
及	景	撃	健	御	語	向	今	剤	至	次	主	尚	焼	焦
色	新	人	正	洗	善	狙	早	対	大	痴	中	通	低	土
二	熱	武	風	米	防	命	門	陽	離	立	流	冷	裂	壺

12マス×12マス

Q185

答えは271p

	礼		院		家		図		手		剣
前		下						条			
	私		活		婦						
鼓						戒				似	
			炭		音				殺		丘
		酢		愚				視			
	鉢		新				督		目		箱
府		寡						僚			
	密		社		保		庁		地		
		落		者		悪		肌		受	
			形		規		緋		桜		想
金		雀		離		錦				源	

Check!! ➡

		安	為	雲	会	寒	官	監	贋	旗	詰
郷	空	系	警	建	険	御	鯉	告	根	妻	糸	治	軸	集
術	色	性	政	星	生	相	担	痴	定	提	的	桃	動	内
梅	比	腹	聞	木	黙	門	理	裏	令					

Q186

答えは271p

	写			職		姉					耐
貌		骨					金				
	絶			芸		専					菌
			番		服					体	
	調			脳				替			趣
臥		鑑					理		論		
		途		経					国		
嘗		疑			飽						
	大		小		不				色		告
							菜			請	
		先		表		関		両			
電		柱						髪		千	

Check!! ➡

為	一	印	過	恰	頑	顔	貴	継	玄	誇	語
好	抗	際	三	旨	示	主	手	首	従	丈	食	信	心	申
真	神	薪	人	髄	性	青	跡	摂	属	代	胆	逐	中	忠
蝶	頂	当	忍	能	白	鼻	部	別	弁	母	蔓	厄	要	和

12マス×12マス

193

Q187

答えは272p

	麗		■		鉱		石		■	文
羅	■	有		■		几	■	塵		
■	庇	■	記		■		尻		川	島
守		大		■		面	■	懸		
	■			■	紫		専			■
	■	断			■	明		■		官
	綱		末		花	■	医		品	瞰
冥		随	■	発		嘘	■		■	
	水		解	■	活		体	■	繁	期
	■			運	■			泉		■
				■			調	■	街	
超		■	勤		手	■		操		領

Check!! ➡

	英	衛	横	温	加	華	過	灰	芥	貝
額	金	九	研	護	左	載	参	字	失	呪	出	所	床	賞
節	袖	多	待	炭	中	帳	鳥	摘	転	田	当	頭	動	熱
念	分	母	忙	幕	務	無	名	命	門	薬	陽	綺		

答えは272p

	菩		■		干	裏		■			寝
隅	■	摩		■		猫		具		■	
	看		■		老		貝		■		助
超		■	拡	■	蚊		■			美	■
	■			福		■		議	■		十
規		緩		■		■	数		択	■	
■			平		寿		■		異		面
曳		■		■		令		■		生	
	灯		屋		天		■		館		世
■		■		而		■		券		風	■
		船		御		前		■		■	
豊	■		原		赦	■			粕		児

Check!!

葦	一	雲	音	下	過	海	概	患	観
奇	戯	均	軍	形	行	衡	合	裁	擦	薩	讃	四	若	守
手	酒	嬢	食	審	人	制	青	川	大	狸	弥	筑	柱	帳
備	不	部	腹	物	文	法	坊	命	免	旅	禄	和	籠

12マス×12マス

答えは273p

	烏		重		消				殺		奪
興		必		経				真		信	
	火	視		性					魂		活
		懐		指				目		不	
	列		意				習				
統					製					欠	
	海		地			種		良			何
		明		帯					起		
			月			馬					
下					木		子				
			冠			菌	解				度
文		界		宮		工		堪			

Check!! →

		以	演	縁	王	牡	可	改	学	雁	鋸
況	凝	曲	極	金	桂	系	弦	固	向	更	行	根	細	三
山	支	樹	図	星	生	鮮	像	大	団	同	如	認	熱	能
迫	爆	費	品	物	分	面	夜	与	要	旅	練	剝		

Q190

答えは273p

			酸				妙		寒		計
敬						経					
	亜		鉄				切		古		
密		筆		目				角		豪	
	鎖		洋				上				売
					戸		液		空		
	令		店				水				
府		越		茶						合	
	花		線		工				似		立
発			歓					態			
		骨		吸		材		牢			主
助		鍵		楽				理			

Check!!

愛	悪	援	鉛	汚	屋	音	化	蟹	開
滑	器	気	擬	菌	稽	呼	護	口	江	国	差	菜	傘	産
紙	紫	酒	集	商	晶	神	人	政	前	相	体	暖	痛	読
乳	納	白	板	番	盤	品	瓶	夫	封	名	略	料	筐

12マス×12マス

Q191

答えは274p

	幻		在		方		記		餓		道
			配						子		
	曲					碑		長			音
璧		対			穴		花				
	愛			落							
生					竹		時		錯		
		人				鹿		物		作	
	婦		明				羽		不		
	土		矯			菜					
	聖		大		髪				内		
		権		乳		洗		台		儀	
加		者		六		清				陀	

Check!! ➡

案	偉	謁	押	臆	害	陥	願	鬼	響					
見	虎	誤	公	根	察	産	自	主	祝	称	丈	浄	職	神
垂	正	線	膳	双	想	卓	憎	袋	代	宅	笛	倒	凍	頭
動	念	白	尾	箆	変	便	墓	母	冥	面	峙	簀		

答えは274p

	種		貧				潮		気		支
骨		胸		生		油		謝			
	薬		外				犯				滅
	堂				会				細		
習		座		牢		化		林		夫	
	行		設								警
				泥		具		難		船	
	曲		片				牙				情
郎		遺									
					魔				酌		
大		子		線		御		介		望	

Check!! ➡

意	医	臼	宴	科	壊	絵	慣	看	管	権
言	午	工	些	罪	師	自	蒔	車	邪	叙	象	城	色	食
親	進	人	性	石	接	節	絶	操	竹	展	伝	殿	入	破
媒	晩	品	婦	敷	部	伏	棒	民	夜	離	旅	裂	楼	醤

答えは275p

	御		出	■			■		色		備
		程		■		忍					
	棒		高		能		小		■		録
碼		■				遍		■		竜	
■	経		論		略						松
無		■		別		■		倉			
							首		金		杖
大		椒		■		嘴				毅	
	査		粉		塵		満		星		悪
氏		中				受		■			
	■		味		聴					表	雜
姓				物				技		譫	

Check!! ➡

		艶	鎌	寒	堪	魚	恐	興	撃	兼	見
験	言	限	胡	口	校	講	剛	告	根	砂	才	山	子	式
取	衆	笑	常	寝	親	身	水	性	先	素	袋	彫	釣	鶴
天	登	豆	微	忘	名	門	葉	来	裏	霊	歴	路	嬪	麺

答えは275p

	中		船		時		出				款
			長							花	
	色						心				半
端		風			路		下				
	春		世		人		寸				明
千			芸		好					迦	
	戦								大		蠍
万		博	会		年				熊		
				手		上					
		織				自				実	
	様		袋						汁		饅
型		詰			光		塵		鶏		

Check!! ➡

	悪	異	閲	果	灰	楽	間	勤	躯	弦
国	差	座	作	刺	釈	酒	秋	小	象	水	生	青	前	然
増	多	帯	地	鳥	鉄	徒	透	頭	同	得	之	背	莫	尾
評	不	布	腹	膨	慢	夢	模	翼	来	落	覧	和	話	腕

Q195

答えは276p

	分	■	違	■	行	■	■	産	玉
■		協		■		■	夢	■	夜
	相	感		■		反		精	■
	報		脳		■	■	照	楽	
	■			番	■	■	■	■	護
魔	■	陣	■	骨	■	■	計		僧
	■		天	■	■	業	■	瓜	大
川	■	沈		■	常	■	事	無	
	影	芸		■	■	節	■		■
	■	皿	■	間	■	■	■	文	■
■	■		細		■	■	役		官
金	■	鉢		学	■	参	■	書	劇

Check!! ➡

為	一	院	応	下	絵	肝	基	脚	魚

句	形	工	考	降	根	三	時	実	習	舟	初	小	神	人
尋	睡	正	聖	組	奏	早	対	代	端	茶	頂	追	電	度
道	背	判	非	不	物	柄	方	法	面	裏	露	和		

202

答えは276p

			牛		忌				門		菜
田				瓦		難				来	
	利						熱		漢		梅
社				根		悲				氷	
			華		感		文				
福				木				身		下	
											花
士			工				代		証		打
	耕		慣		系		慮		問		
理		風				島		贈			
							謀		無		骨
尽		羽		伝				作			

Check!! ➡

				衣	陰	雨	栄	駅	屋	牡	化	会	解
外	乾	岐	鬼	形	血	糊	考	施	祉	時	舎	種	習	助
商	鞘	真	親	診	性	切	説	染	草	駄	棚	嘆	潮	頂
通	天	点	殿	答	農	反	避	不	分	粉	盲	用	列	蓮

12マス×12マス

Q197

答えは277p

	牡		■		和		感		■	静
機	■	前		頃	■	栄		料		人
■	功			葱		主			■	籤
公		心		黒					非	
	■		性			権				■
良					種				勤	
				付		虫		花		雲
	造		■		切			砕		■
	範		名			■		大		水
	節		正		面				食	
						操			袱	
謝		祭		孔		石		列		

Check!! ➜

			悪	運	餌	煙	縁	火	会	閑	見	恒
行	仕	四	子	師	糸	歯	紗	十	縦	序	常	醸	職	触
身	甚	垂	雀	生	席	染	銭	僧	俗	体	卓	棚	丹	断
中	陳	導	徳	肉	日	媒	髪	品	分	坊	鮪	模	理	流

答えは277p

	尋		三		志		精				雨
載		万				腹		金			様
	周						霊				様
遇		青		教						際	
			元		温				川		除
不		性		体		色				履	
				作		合		木		菊	
		検				杓		喜			
						音		私		説	
期			能				明				
		織		少		言		箱			
給		車		侍			彙		問		

Check!!

詰	空	語	向	国	一	羽	屋	下	灰	格	活	歓	機	気
昇	心	薪	尽	水	今	査	山	子	室	芝	術	書	女	小
独	年	納	美	分	声	千	操	草	束	待	胎	虫	定	度
					柄	母	模	葉	涙	錬	話	矮		

12マス×12マス

答えは278p

	留	■		■	耳	■	解		剤
劇	■	数		屋			識		運
■	否		■			問		天	説
順	■		■		条		哑	■	
	■		時			屈		木	■
満		齢		破		■	情		制
	■		待		術			■	偉
	■	■		寒		定	網		北
	押		■		■	手		消	
面		自		団		印		税	海
	陀		■		脚	■		取	名
心		八		伝		纏		無	

Check!! ➡

		応	何	歌	花	概	学	管	関	寄	期
気	鬼	牛	強	極	栗	警	決	月	犬	御	策	察	紙	持
酬	出	水	然	造	多	打	置	適	店	動	熱	年	発	半
帆	避	不	風	仏	物	報	方	魔	諭	理

答えは278p

	座				進				談		弱
				姉		外		格		栄	
	団				御		酒				
常		発				羅		警		素	
			月		草		古		前		利
支		延				細				生	
			日						派		校
郷		愛		用				揚		歳	
			不				世		飯		分
		会		整				空			
	書				直						住
建		可		光				化			

12マス×12マス

Check!!

衛	伽	絵	穫	学	冠	顔	居	凝	経
見	現	雇	好	骨	残	司	子	視	事	時	収	愁	十	祥
粧	譲	図	数	星	線	訴	足	鷹	宅	達	調	長	土	洞
破	培	薄	備	布	浮	封	法	妹	命	面	養	連

ちょっとひと息 Column

字謎 (じなぞ)

　字謎とは、漢字を使ったなぞなぞのようなものです。漢字を偏・傍・冠・脚などに分解したり組み合わせたりしてその趣向を楽しむものです。日本独自のものではなく中国にもあり、例を挙げると、「人在草木間、目在竹木傍」は、「茶箱」です。「雪ふれば木毎に花ぞ咲きにけるいづれを梅とわきて折らまし」は、梅を木＋毎と分解した趣向です。ここでは広い意味で、字を分解して表現するものなどを話題にしていきます。

　年齢を表す白寿 (99歳) (99＝百ひく一)、喜寿 (77歳。喜の草書体が七十七に見えることから)、米寿 (米の字を分解すると八十八になる) なども、漢字の遊びですね。

●若干

　若は「〜のようだ」の意味です。また、干は分解すると一と十になります。結局、一のようでもあり十のようでもあるという意味となります。あまり多くはない数で、定まらない場合に使われます。

●くの一

　これは有名ですね。元来、女を意味する言葉ですが、現在は女性の忍者を指して使われます。女の字が「くノ一」と分解できることから来ています。

　最後に川柳から。江戸の川柳に「品川の客人偏のあるとなし」という句があります。品川は遊里で有名でしたが、「侍」(薩摩藩士をさす) と「寺」(僧をさす) で繁盛していた様子を皮肉ったものです。

解答編
ANSWERS

1

玩	具	■	豪	放	磊	落
■	体	験	■	水	■	花
慣	例	■	敏	■	写	生
用	■	交	感	神	経	■
句	読	点	■	仙	■	参
■	解	■	沈	思	黙	考
権	力	者	■	想	■	人

2

白	■	合	理	化	■	噴
無	資	格	■	石	灰	水
垢	■	通	勤	■	神	■
■	周	知	■	音	楽	会
外	遊	■	不	便	■	得
語	■	弱	■	形	跡	■
大	同	小	異	■	目	印

3

転	校	生	■	小	気	味
■	倉	■	育	児	■	噌
無	造	作	■	科	料	■
尽	■	法	規	■	簡	単
蔵	元	■	模	写	■	刀
■	請	願	■	真	正	直
抱	負	■	凝	集	■	入

4

中	途	半	端	■	残	照
■	上	■	緒	戦	■	葉
万	国	旗	■	記	念	樹
年	■	艦	首	■	仏	■
床	屋	■	脳	天	■	管
■	形	跡	■	文	化	財
宝	船	■	縁	台	■	人

5

公	■	独	楽	鼠	■	笹
私	生	活	■	花	菖	蒲
■	卵	■	消	火	■	鉾
曲	■	調	印	■	塔	■
解	熱	剤	■	巻	頭	言
■	帯	■	代	物	■	葉
昼	夜	兼	行	■	糸	尻

6

均	■	修	験	道	■	朝
一	張	羅	■	徳	政	令
■	子	■	傷	心	■	暮
甘	■	辛	口	■	更	改
酒	石	酸	■	高	級	■
■	鹸	■	雄	飛	■	照
分	水	嶺	■	車	社	会

7

猪		巨	万		絶	句
突	飛		年	恰	好	
猛		無	筆		調	和
進	化	論		偏		菓
	粧		月	見	団	子
廃	品	回	収		栗	
屋		遊		方	眼	紙

8

皆	無		空	蝉		花
	駄	目	元		首	魁
神	話		気	迫		道
社		口		真	夜	中
	供	述	書		見	
仰		筆		俗	世	間
天	然	記	念	物		際

9

料	亭		親	善	試	合
	主	成	分		練	
玄	関		肌	色		発
	白	夜		気	化	熱
日		行	儀		粧	
時	系	列		無	水	鍋
計		車	内	灯		底

10

重	箱		軍	拡		栄
要		御		大	逆	転
文	福	茶	釜		効	
化		目		結	果	論
財	産		商	社		拠
	出	土	品		朝	
器	量		名	誉	市	民

11

迫		投	網		序	章
真	横		羅	針	盤	
	断	裂		供		哀
一	幕		栄	養	失	調
念		測	光		墜	
発	祥	地		冥		鈍
起		線	形	加	速	器

12

樹	海		眼	下		設
	里	親		検	流	計
無		御	多	分		事
作	況		色		激	務
為		印	刷	機		所
抽	象	画		材	料	
出		紙	屑		亭	主

13

新	■	猪	突	■	妖	艶
盆	暗	■	出	無	精	■
■	反	故	■	分	■	辛
一	応	■	愛	別	離	苦
刀	■	異	国	■	乳	■
両	極	端	■	草	食	獣
断	■	児	童	書	■	医

14

潜	望	鏡	■	管	制	塔
在	■	文	化	財	■	頭
■	脱	字	■	人	肌	■
異	臭	■	脚	■	寒	天
口	■	夜	光	虫	■	蓋
同	好	会	■	酸	味	■
音	■	服	従	■	見	参

15

薄	皮	饅	頭	■	断	念
■	算	■	角	質	層	■
日	用	品	■	素	■	抹
常	■	書	面	■	雪	消
茶	粥	■	白	粉	花	■
飯	■	折	半	■	菜	種
事	象	■	分	葱	■	痘

16

日	和	見	主	義	■	禍
■	漢	■	従	■	歯	根
加	薬	飯	■	芋	茎	■
盟	■	時	雨	煮	■	居
■	幾	分	■	会	計	士
貴	重	■	矢	■	画	■
賤	■	界	面	活	性	剤

17

大	言	壮	語	■	腰	痛
■	葉	■	尾	頭	付	■
明	後	日	■	陀	■	禁
細	■	向	学	■	絶	句
書	生	■	年	恰	好	■
■	世	帯	主	■	調	達
逸	話	■	任	命	■	観

18

獅	子	奮	迅	■	甲	羅
■	沢	■	速	記	■	宇
登	山	口	■	入	母	屋
用	■	巧	妙	■	集	■
■	隠	者	■	左	団	扇
綿	密	■	腕	前	■	状
雪	■	怪	力	■	露	地

19

床	■	馬	酔	木	■	老
几	帳	面	■	遣	手	婆
■	簿	■	哀	歌	■	心
意	■	転	調	■	矮	■
志	望	校	■	私	小	説
薄	■	生	産	財	■	明
弱	輩	■	衣	■	回	文

20

大	手	門	■	講	■	勘
静	■	松	花	堂	弁	当
脈	動	■	魁	■	天	■
■	名	残	■	袋	小	路
掛	詞	■	誠	■	僧	■
蕎	■	果	実	酒	■	鮫
麦	芽	糖	■	豪	傑	肌

21

人	里	■	白	色	光	■	降
材	■	雑	魚	■	化	粧	水
派	出	所	■	大	学	■	確
遣	■	得	意	気	■	引	率
業	物	■	匠	■	慣	用	■
■	品	評	■	専	■	符	合
関	税	■	侍	従	長	■	唱
節	■	淑	女	■	円	舞	曲

22

独	■	核	融	合	■	鳴	神
自	制	心	■	縁	起	物	■
■	癌	■	猟	奇	■	入	札
薬	剤	師	■	縁	組	■	片
事	■	範	例	■	閣	下	■
法	面	■	題	名	■	戸	別
■	倒	産	■	人	臣	■	天
調	見	■	園	芸	■	裏	地

23

幽	■	孤	独	■	通	■	契
玄	関	■	自	動	販	売	機
■	節	句	■	物	■	値	■
裏	技	■	遊	園	地	■	馬
取	■	論	説	■	蔵	書	印
引	火	点	■	提	■	架	■
■	打	■	試	供	品	■	出
化	石	燃	料	■	薄	墨	色

24

試	作	品	■	大	安	吉	日
金	■	数	奇	人	■	祥	■
石	頭	■	怪	■	満	天	星
■	痛	切	■	出	願	■	砂
上	薬	■	渡	船	■	座	■
方	■	新	米	■	友	禅	染
落	花	生	■	旅	情	■	色
語	■	児	童	館	■	液	体

解答

25

徒	花	■	主	賓	■	屈	折
手	■	新	婦	■	食	指	■
空	返	事	■	岩	塩	■	焼
拳	■	実	感	■	水	商	売
■	反	■	覚	醒	■	品	■
嘘	発	見	器	■	尺	取	虫
■	係	■	官	舎	■	引	■
多	数	決	■	利	子	所	得

26

居	候	■	挙	■	水	風	呂
丈	■	運	動	野	■	来	■
高	姿	勢	■	生	臭	坊	主
■	見	■	空	■	気	■	催
仮	■	意	地	悪	■	御	者
面	白	味	■	戦	略	家	■
■	鷺	■	辛	苦	■	芸	能
赤	城	山	■	闘	鶏	■	率

27

天	日	製	塩	■	標	■	棄
■	記	■	基	本	的	人	権
痔	■	奮	■	丸	■	工	■
疾	風	迅	雷	■	猿	芝	居
■	鈴	■	親	不	知	■	士
双	■	神	父	■	恵	方	■
曲	独	楽	■	行	■	便	乗
線	■	殿	様	商	売	■	馬

28

白	河	夜	船	■	信	憑	性
血	■	露	■	曲	者	■	格
球	根	■	博	学	■	素	描
■	拠	点	■	阿	蘇	■	写
危	地	■	出	世	■	呑	■
機	■	先	生	■	乱	気	流
一	悶	着	■	混	雑	■	動
髪	■	順	不	同	■	絶	食

29

大	■	季	語	■	不	意	打
黒	田	節	■	妥	協	■	診
柱	■	風	下	■	和	牛	■
■	処	■	宿	直	■	若	葉
八	方	美	人	■	一	丸	■
卦	■	容	■	諸	般	■	御
■	書	院	造	■	会	議	中
格	式	■	花	時	計	■	元

30

同	床	異	夢	■	表	現	力
■	運	■	路	地	裏	■	自
誤	動	作	■	球	■	緩	慢
算	■	品	格	■	要	衝	■
■	収	集	■	予	■	材	木
購	入	■	特	約	店	■	陰
■	印	象	派	■	長	寿	■
和	紙	■	員	数	■	命	題

31

四	十	七	士	■	定	期	的
■	五	■	族	議	員	■	中
小	夜	風	■	席	■	効	率
春	■	下	降	■	芸	能	■
日	直	■	水	彩	■	書	留
■	感	無	量	■	伐	■	意
樹	■	担	■	本	採	用	■
海	上	保	安	庁	■	途	絶

32

減	■	併	殺	■	係	争	物
反	作	用	■	器	官	■	置
■	務	■	裁	量	■	草	■
天	衣	無	縫	■	独	創	力
然	■	骨	■	愛	唱	■	説
水	場	■	試	飲	■	象	■
■	所	持	金	■	虫	眼	鏡
神	代	■	石	灯	籠	■	像

33

火	縄	■	満	喫	■	充	電
■	文	机	■	茶	粥	■	信
格	式	■	御	店	■	貝	柱
■	土	下	座	■	委	細	■
陶	器	■	敷	居	■	工	夫
芸	■	喚	■	候	補	■	唱
■	不	起	訴	■	助	産	婦
鋭	意	■	追	徴	金	■	随

34

特	異	体	質	■	釣	灯	籠
■	星	■	疑	似	餌	■	城
買	人	気	■	顔	■	内	■
物	■	品	薄	■	中	規	模
■	傾	■	紅	一	点	■	型
急	斜	面	■	時	■	雄	飛
勾	■	長	期	金	利	■	行
配	膳	■	限	■	発	動	機

35

火	付	盗	賊	改	■	挙	句
山	■	撮	■	札	差	■	読
性	根	■	傷	口	■	黒	点
地	■	塩	害	■	七	曜	■
震	源	■	罪	悪	■	石	竹
■	泉	質	■	運	気	■	取
看	■	量	販	■	化	合	物
過	半	数	■	粗	熱	■	語

36

昼	■	天	■	年	寄	■	室
日	和	下	駄	■	宿	場	町
中	■	泰	■	官	舎	■	時
■	公	平	無	私	■	交	代
群	衆	■	念	■	反	響	■
■	衛	兵	■	空	■	曲	水
弥	生	■	再	輸	出	■	滸
栄	■	可	燃	■	自	叙	伝

解答

37

色	即	是	空		熱	機	関
	位		虚	栄	心		節
様	式	美		華		演	技
子		化	身		門	出	
	証		長	円		家	電
主	人	公		満	喫		光
産		開	放		茶	懐	石
地	頭		免	税	店		火

38

重	要	文	化	財		最	愛
石		庫		産	卵	期	
	張	本	人		黄		哀
丁	子		相	肩		郷	愁
字		地	学		粘	土	
形	成	層		喉		色	気
	分		暗	黒	街		象
代	表	番	号		灯	明	台

39

二	期	作		秋	千		菌
六		戦	乱		両	生	類
時	候		開	眼		命	
中		蒸	発		路	線	価
	勘	気		強	肩		格
銀		機	動	力		否	
白	河	関		粉	飾	決	算
色		車	窓		職		段

40

天	真	爛	漫		印	刷	機
	空		画	仙	紙		会
食	管	法		骨		平	均
扶		面	子		合		等
持	続		牛	歩	戦	術	
	柄	杓		調		語	尾
奇		文	目		隠		頭
異	体	字		長	者	番	付

41

安		空	前		管	楽	器
直	近		途	端		屋	
	未	曾	有		手	裏	剣
外	来		望	遠	鏡		客
為		神		慮		掩	
法	治	主	義		看	護	人
	験		歯	周	病		義
火	薬	庫		旋		宛	字

42

銭	勘	定		創	意	工	夫
湯		位	牌		地		妻
	仕	置		極	悪	人	
七	草		上	限		面	妖
五		苦	汁		怪	獣	
三	葉	虫		漆		心	中
	緑		暗	黒	街		間
元	素	記	号		角	質	層

43

公		説		口	絵		不
共	同	経	営		巻	頭	言
	窓		農	作	物		実
本	会	議		用		荒	行
歌		論	壇		診	療	
取	得		上	人		治	水
	意	趣		為	替		餃
呆	気		劇	的		切	子

44

融	点		伝	家		斥	力
	対	抗	馬		時	候	
仮	称		船	外	機		襟
名		車		需		浮	足
文	武	両	道		隔	世	
	芸		化	物		絵	具
学	者	肌		議	決		沢
舎		寒	桜		死	火	山

45

御	来	光		無	精		空
徒		年	商		進	化	論
	禁		売	掛		粧	
油	断	大	敵		遊	水	地
菜		都		隔	離		獄
	面	会	謝	絶		木	耳
印	影		肉		小	遣	
象		祝	祭	日		歌	枕

46

慣		円		出	自		体
用	意	周	到		責	任	感
	気		着	眼	点		温
緑	地	帯		底		経	度
虫		水	郷		御	師	
	断	層		縁		屋	上
懸	崖		昼	日	中		調
案		不	寝		秋	茄	子

47

四	分	六		唯		純	朴
阿		三	方	一	両	損	
	圧	制		無		益	虫
九	死		十	二	支		蟆
品		端	五		援	軍	
仏	神		夜	景		配	合
	楽	観		勝	栗		気
八	面		意	地		七	道

48

置	手	紙		羽	化		市
土		礫	岩		石	切	場
産	声		魚	付	林		開
	高	砂		箋		民	放
弱		防	御		還	俗	
肉	筆		茶	殻		学	説
強		岡	目		憲		教
食	扶	持		弘	法	大	師

解答

49

啓	■	火	山	灰	地	■	新
示	威	■	塊	■	雷	撃	機
■	厳	格	■	抗	原	■	軸
賃	■	納	豆	菌	■	脚	■
貸	金	庫	■	性	染	色	体
■	輪	■	審	■	料	■	罰
国	際	裁	判	所	■	屈	■
訛	■	縫	■	作	況	指	数

50

超	特	急	■	子	宮	筋	腫
■	許	■	国	宝	■	組	■
三	権	分	立	■	毛	織	物
途	■	離	■	勾	玉	■	真
■	首	■	気	配	■	空	似
語	尾	変	化	■	輩	出	■
■	一	■	熱	狂	■	張	力
尺	貫	法	■	歌	壇	■	瘤

51

千	三	■	受	精	卵	■	遠	大
■	原	体	験	■	白	昼	■	根
敗	色	■	生	花	■	寝	不	足
北	■	絶	■	金	地	■	退	■
■	仏	頂	面	■	主	客	転	倒
仕	様	■	妖	艶	■	員	■	置
草	■	松	■	姿	見	■	作	法
■	発	明	王	■	本	採	用	■
養	育	■	朝	顔	市	■	点	滅

52

自	主	規	制	■	鉄	道	馬	車
動	体	■	御	神	火	■	市	内
扉	■	中	■	出	場	者	■	灯
■	疑	心	暗	鬼	■	共	感	■
帰	■	人	■	没	落	■	激	流
化	学	物	質	■	涙	雨	■	行
■	術	■	実	地	■	天	辺	■
食	用	油	■	先	着	順	■	即
客	語	■	銀	山	■	延	滞	金

53

尊	大		日	光	浴		財	閥
	政	略		熱		重	宝	
急	所		自	費	出	版		暫
発		知	己		色		想	定
進	退		流	通		偶	像	
	去	就		過	半	数		初
最		業	績		兵		末	期
後	見	人		不	衛	生		微
尾		口	約	束		米	騒	動

54

南	大	門		講	座		唐	草
極		松	花	堂		折	紙	
海	藻		暦		丁	半		感
	塩	梅		誤	字		憤	慨
仰		干	拓		路	傍		無
天	網		本	懐		目	分	量
	元	老		中	継		岐	
相		廃	家	電		御	点	前
好	人	物		灯	台	守		線

55

思	案	顔		身	支	度		開
慮		役	目	柄		量	販	店
分	際		盛		平	衡		休
別		邪		曲	物		軽	業
	百	鬼	夜	行		絶	妙	
割	合		見		敵	対		基
引		出	世	作		値	千	金
手	水	場		家	集		六	
形		所	属		中	央	本	線

56

安		流	線	形		強	力	粉
全	自	動		容	疑	者		微
圏		食	卓		惑		風	塵
	巨		越	境		在	来	
酒	石	酸		内	懐		坊	主
饅		素	手		中	傷		催
頭	取		塩	梅	物		装	
	引	責		雨		常	備	薬
機	先		三	寒	四	温		効

解答

57

天	文	台	■	鉄	塔	■	即	時
変	■	頭	頂	骨	■	問	答	■
地	獄	■	戴	■	回	診	■	椅
異	■	万	物	流	転	■	障	子
■	避	難	■	言	■	危	害	■
落	雷	■	紙	飛	行	機	■	認
■	針	山	■	語	■	一	見	識
海	■	吹	雪	■	白	髪	■	不
蛍	光	色	■	路	銀	■	百	足

58

乾	坤	一	擲	■	興	■	拍	手
門	■	等	■	夜	行	列	車	■
■	実	地	検	分	■	伝	■	脱
伏	線	■	挙	■	空	■	野	兎
流	■	保	■	奇	想	天	外	■
水	銀	温	度	計	■	然	■	表
■	舎	■	肝	■	喜	色	満	面
無	利	子	■	極	■	素	■	張
垢	■	馬	耳	東	風	■	握	力

59

栄	養	士	■	刊	行	■	太	古
枯	■	官	報	■	水	草	■	代
盛	況	■	奨	励	■	書	簡	文
衰	■	換	金	■	合	体	■	明
■	嫌	気	■	物	議	■	衣	■
氏	■	扇	子	■	制	御	装	置
名	主	■	供	述	■	転	■	石
■	導	入	部	■	老	婆	心	■
執	権	■	屋	台	骨	■	根	城

60

寝	不	足	■	校	長	室	■	御
■	誠	■	鎌	倉	■	町	医	者
首	実	検	■	造	反	■	療	■
尾	■	知	能	■	発	条	■	収
一	躍	■	力	関	係	■	潜	入
貫	■	神	主	■	数	字	■	印
■	漁	■	義	理	■	画	用	紙
名	場	面	■	容	態	■	水	■
刹	■	影	法	師	■	街	路	樹

61

時	間	短	縮	■	人	生	相	談
■	一	■	図	書	目	録	■	合
断	髪	式	■	店	■	音	声	■
食	■	次	男	■	仰	■	色	気
■	落	第	■	炎	天	下	■	化
丸	首	■	車	上	■	知	恵	熱
太	■	手	代	■	木	■	愛	■
小	作	料	■	金	釘	流	■	山
屋	■	理	不	尽	■	布	袋	葵

62

一	本	気	■	金	平	■	精	米
族	■	温	和	■	穏	健	■	騒
郎	女	■	解	消	■	全	自	動
党	■	吸	■	失	敬	■	律	■
■	雑	収	入	■	天	地	神	明
茶	巾	■	母	性	愛	■	経	■
房	■	荒	屋	■	人	格	■	商
■	泥	縄	■	庶	■	付	属	品
心	酔	■	財	務	諸	表	■	券

63

無	礼	講	■	苗	字	■	任	那
限	■	師	範	代	■	同	期	■
大	甘	■	囲	■	細	工	■	生
■	海	豚	■	剣	■	異	教	徒
初	老	■	歌	舞	音	曲	■	会
見	■	産	声	■	訓	■	駅	長
参	議	院	■	再	■	精	舎	■
■	事	■	猪	突	猛	進	■	遠
記	録	係	■	入	■	揚	子	江

64

滑	落	■	明	治	維	新	■	満
■	首	筋	■	療	■	事	務	員
逐	■	肉	球	■	如	実	■	御
電	解	質	■	幾	何	■	敬	礼
■	像	■	巨	星	■	長	老	■
温	度	差	■	霜	月	■	会	得
厚	■	違	反	■	面	接	■	意
■	跡	■	作	業	着	■	田	■
天	地	無	用	■	陸	上	植	物

65

鬼		斑	鳩		泥	酔		分
瓦	解		尾	瀬	沼		多	岐
	放	棄		戸		概	数	
共	感		社	内	報		決	意
和		宴	会		告	示		識
国	保		面	妖		威	圧	的
	育	休		怪	傑		搾	
史		肝	硬	変		同		顔
記	念	日		化	学	調	味	料

66

大	嘘		有	効		居		露
規		寓	意		小	間	物	店
模	擬		義	勇	兵		数	
	宝	船		敢		好	奇	心
真	珠		眼		恋	敵		得
正		胃	下	垂		手	荒	
直	腸	癌		幕	末		行	為
	捻		枕		広	角		政
運	転	免	許	証		質	権	者

67

虚		杓	子	定	規		頭	脳
無	常		房		格	段		卒
	日	向		手	品		渦	中
値	頃		横	柄		糸	巻	
千		禁	断		逐	電		按
金	平		幕	内		話	半	分
	均	等		燃	費		透	
介		圧	縮	機		陽	明	門
在	来	線		関	節	炎		限

68

核	酸		星	影		千	六	本
戦		如	月		窮	鳥		尊
争	奪		夜	霧		足	半	
	回	復		雨	脚		円	満
根		古	稀		線	審		艦
絶	好	調		優	美		電	飾
	青		懐	柔		火	球	
耳	年	増		不	意	打		闇
介		大	英	断		石	狩	鍋

69

衝	撃	波		親	孝	行		出
立		風	船	玉		楽	天	家
	拘		縁		跡	地		遁
歌	留	多		欲	目		御	世
劇		大	見	得		外	来	
	細		参		臆		光	一
人	工	芝		床	面	積		念
真		居	酒	屋		乱	開	発
似	顔		肴		東	雲		起

70

朝	三	暮	四		寒	椿		胡
	国		季	節	風		南	瓜
紙		一	重		会		棚	氷
幣		力	説		飛		洋	弓
	秋	波		空	梅	雨		張
快	晴		行	間		水	無	月
刀		放	火		駆		担	
乱	反	射		自	動	車	保	険
麻		能	率	給			載	悪

71

姉		批	准		樹	海		義
御	徒		看	過		蛍	烏	賊
	競	馬		不	審		揚	
暴	走		浮	足		千	羽	鶴
風		流	浪		新	手		亀
雨	落	石		熟	語		計	算
	葉		考	慮		原	画	
小	松	菜		断	熱	材		茶
判		単	独	行		料	理	番

72

発		無	造	作		放	火	魔
展	望		幣		照	射		術
的		薬	局	方		霧	氷	
解	毒	剤		角	樽		酢	蛸
消		師	事		酒	石	酸	
	威		情	操		切		管
音	信	不	通		市	場	原	理
楽		運		量	販		生	
会	釈		茄	子		森	林	浴

解答

73

叙	述	■	川	端	■	時	代	劇
■	懐	古	■	五	月	雨	■	映
軽	■	今	更	■	謝	■	漫	画
挙	兵	■	衣	服	■	異	才	■
妄	■	暗	室	■	傾	国	■	改
動	物	記	■	意	向	■	創	造
■	真	■	絵	馬	■	朝	刊	■
類	似	点	■	心	得	顔	■	越
推	■	眼	鏡	猿	■	市	民	権

74

砂	■	建	築	■	立	居	振	舞
防	寒	具	■	脚	■	所	■	踏
■	気	■	小	半	時	■	再	会
財	団	法	人	■	候	補	生	■
産	■	度	■	形	■	遺	■	虹
権	利	■	一	見	識	■	異	彩
■	休	肝	日	■	別	行	動	■
火	鼠	■	三	途	■	楽	■	器
傷	■	白	秋	■	天	地	無	用

75

呂	律	■	年	中	行	事	■	御
■	儀	礼	■	蓋	■	実	験	台
猛	者	■	嚥	■	新	婚	■	所
暑	■	天	下	一	品	■	眼	■
日	本	晴	■	悶	■	動	力	炉
■	屋	■	沈	着	冷	静	■	端
好	■	夢	殿	■	飯	■	蒲	焼
敵	愾	心	■	畜	■	奉	公	■
手	■	地	場	産	業	■	英	霊

76

公	■	中	立	国	■	光	電	管
平	常	心	■	境	界	線	■	弦
無	■	地	形	■	隈	■	哀	楽
私	物	■	代	数	■	委	■	団
■	流	入	■	寄	木	細	工	■
迫	■	射	出	■	曜	■	面	相
真	四	角	■	天	日	塩	■	同
■	方	■	断	然	■	加	熱	器
青	山	一	髪	■	削	減	■	官

77

金	剛	砂		竜	吐	水		御
釘		鉄	火	巻		銀	舎	利
流	離		焔		霜	柱		益
	着	眼		沈	降		雪	
北	陸		安	静		楽	隠	居
狐		担	保		腕	章		合
	疑	理	不	尽		海	抜	
同	心	円		統		応	援	
郷		満	場	一	致		隊	商

78

驟	雨		洒	落		近	衛	兵
	季	節		度	外	視		農
絶		税	関		輪		追	分
無	二		西	表	山	猫		離
	胡	散		裏		舌	戦	
過		開	口	一	番		利	酒
小	惑	星		体		気	品	
評		団	地		帰	化		悪
価	格		底	力		熱	血	漢

79

不	二		臨	界		漆	工	芸
	重	馬	場		色	黒		当
上	顎		感	光	紙		餡	
得		国		源		肉	饅	頭
意	思	表	示		温	厚		蓋
	案		談	話	室		密	
洗	顔	料		題		禁	猟	区
濯		簡	便		客	足		役
機	嫌		乗	組	員		急	所

80

万	端		遠	浅		水	溶	液
年		潔		瀬	戸	際		状
青	天	白	日		別		道	化
	守		傘	立		先	祖	
金	閣	寺		脚	気		神	経
鳳		院	内		丈	夫		帷
花	粉		裏	技		婦	女	子
	微	笑		術	策		房	
防	塵		曲	者		作	詞	家

81

鬼	押	出	■	大	勢	■	障	子	紙
灯	■	初	冠	雪	■	食	害	■	飛
■	格	式	■	注	射	器	■	並	行
奉	納	■	創	意	■	棚	田	■	機
■	庫	裏	■	報	復	■	舎	利	■
粗	■	白	菜	■	活	気	■	発	端
品	薄	■	種	苗	■	管	轄	■	境
■	紅	花	油	■	干	支	■	最	期
奥	■	盗	■	魚	拓	■	孤	高	■
義	理	人	情	■	地	声	■	潮	汁

82

羽	二	重	■	米	寿	■	銀	杏	切
子	■	大	御	所	■	平	幕	■	断
板	金	■	猪	■	実	家	■	臆	面
市	■	人	口	動	態	■	仮	病	■
■	記	事	■	脈	■	空	想	■	武
車	載	■	肝	硬	変	■	敵	同	士
座	■	傍	■	化	■	異	国	■	気
■	猫	目	石	■	色	彩	■	糖	質
百	舌	■	垣	間	見	■	浴	衣	■
薬	■	離	島	■	本	命	■	錠	前

83

御	世	辞	■	敷	居	■	不	穏	当
機	■	退	職	金	■	紋	所	■	該
嫌	悪	■	員	■	陥	■	存	亡	■
■	逆	転	■	日	没	時	■	霊	長
瀬	■	落	下	傘	■	期	待	■	談
戸	棚	■	剋	■	和	尚	■	争	議
内	■	向	上	心	■	早	合	点	■
海	洋	学	■	理	容	■	従	■	真
■	菓	■	素	描	■	国	連	憲	章
芥	子	菜	■	写	経	■	衡	■	魚

84

看	過	■	黒	糖	■	写	実	主	義
■	積	乱	雲	■	純	真	■	■	成
連	載	■	母	性	愛	■	親	分	肌
枝	■	女	■	能	■	踏	切	■	理
■	歴	史	上	■	口	絵	■	銘	■
公	然	■	出	世	頭	■	洋	菓	子
証	■	本	来	■	試	供	品	■	宝
人	物	名	■	設	問	■	店	番	■
■	故	■	推	計	■	施	■	傘	下
芸	者	衆	■	図	画	工	作	■	僕

85

懐	■	万	物	流	転	■	歳	時	記
中	立	国	■	布	■	半	月	■	者
電	■	博	打	■	貯	蔵	■	脱	会
灯	明	■	開	封	■	門	松	■	見
■	解	決	策	■	精	■	葉	隠	■
功	■	議	■	御	神	楽	■	忍	術
名	所	案	内	■	統	■	出	自	■
■	持	■	気	分	一	新	■	重	大
九	品	仏	■	岐	■	手	塩	■	道
州	■	画	竜	点	睛	■	素	人	芸

86

四	■	金	■	文	学	青	年	■	権
天	然	色	素	■	習	■	少	子	化
王	■	夜	■	親	指	姫	■	午	■
■	交	叉	点	■	導	■	流	線	型
安	易	■	在	住	■	音	域	■	式
物	■	姿	■	宅	配	便	■	規	■
■	夢	見	心	地	■	形	態	模	写
御	殿	■	太	■	助	■	勢	■	楽
膝	■	算	■	兼	六	園	■	書	■
下	一	段	活	用	■	芸	術	院	賞

87

使	用	人	■	空	■	功	名	■	記
命	■	出	口	調	査	■	言	行	録
感	喜	■	笛	■	問	題	集	■	係
■	色	目	■	収	■	材	■	書	■
干	満	■	甘	納	豆	■	遺	留	品
■	面	白	味	■	自	叙	伝	■	薄
皆	■	昼	■	駆	動	■	子	宝	■
無	我	夢	中	■	車	代	■	籤	引
■	利	■	古	文	■	替	着	■	率
不	勉	強	■	化	合	物	■	易	者

88

三	角	形	■	信	長	公	記	■	盆
国	■	成	就	■	蛇	■	念	仏	踊
時	間	外	■	拳	■	接	写	■	歌
代	■	科	学	万	能	■	真	昼	■
■	占	■	費	■	天	涯	■	日	傘
私	有	地	■	英	気	■	南	中	■
家	■	役	員	会	■	敗	北	■	丼
集	金	人	■	話	題	■	朝	御	飯
■	勘	■	伝	■	名	目	■	影	■
法	定	得	票	数	■	薬	用	石	鹸

解答

89

全	自	動		放	縦		御	上	手
権		乱	気	流		台	所		鞠
大	臣		管		役	場		和	歌
使		総	支	配	人		反	物	
	尾	花		達		字	面		四
膝	頭		保	証	金		教	科	書
付	加		明		恩	師			五
城		水	墨		内	情		読	経
下	検	分		脳	裏		口	唇	
町		解	毒		雛	鳥		術	数

90

鎖	国	令		解	決		逆	探	知
	家		冷	夏		雲	上		的
子	安	地	蔵		飛	散		浄	財
	康		庫	裏		霧	笛		産
努		興		町	火	消		主	権
力	戦	奮	闘		打		湯	治	
目		剤		千	石	船		医	師
標	準		万	歳		中	傷		範
	優	曇	華		尺	八		退	学
楽	勝		鏡	花		策	略		校

91

暴	挙		小	豆		読	書	週	間
風		推	理		花	唇		末	
雨	天		屈	強		術	数		土
	満	載		固	形		寄	生	木
宵	宮		岩		相	部	屋		工
待		枯	山	水		族		家	事
草	紅	葉		平	仄		横	柄	
	一		沈	思		裁	断		供
氷	点	下		考	課		歩	合	給
室		戸	棚		外	耳	道		源

92

選	挙	区		極	楽	往	生		有
抜		画	家		譜		命	名	権
	俄		出	身		伏	線		者
天	然	芝		近	衛	兵		突	
晴		海	豹		星		高	飛	車
	不	老		御	国	自	慢		庫
品	格		懐	中		叙		認	証
	好	敵	手		熱	伝	導		明
先		憐		何	処		入	江	
般	若	心	経		理	屈		戸	袋

93

鯨	■	栄	枯	■	海	上	自	衛	隊
尺	八	■	薄	着	■	新	■	星	■
■	頭	脳	■	脱	脂	粉	乳	■	機
黄	身	■	封	■	肪	■	白	河	関
熱	■	風	切	羽	■	喜	色	■	投
病	原	体	■	子	守	歌	■	物	資
■	油	■	甲	板	■	劇	画	■	家
最	■	綺	羅	■	向	■	一	概	■
高	句	麗	■	三	日	坊	主	■	裏
峰	■	事	柄	■	葵	■	義	捐	金

94

伝	授	■	直	径	■	冷	凍	■	黴
書	■	密	談	■	神	■	結	核	菌
鳩	目	■	判	決	主	文	■	抑	■
■	盛	大	■	済	■	明	鏡	止	水
空	■	分	断	■	一	■	餅	■	無
即	売	■	片	道	切	符	■	正	月
是	■	標	的	■	衆	■	謀	反	■
色	見	本	■	原	生	林	■	対	比
■	真	■	為	体	■	野	仏	■	丘
類	似	点	■	験	算	■	陀	羅	尼

95

伏	流	水	■	野	次	馬	■	毬	栗
線	■	温	泉	宿	■	鹿	毛	■	饅
■	酪	■	質	■	万	力	■	巻	頭
無	農	薬	■	湯	葉	■	六	尺	■
骨	■	玉	杯	■	仮	定	法	■	行
■	睡	■	洗	礼	名	■	全	自	動
破	魔	弓	■	拝	■	親	書	■	半
壊	■	削	除	■	同	心	■	口	径
■	粘	■	草	創	期	■	婚	約	■
血	液	製	剤	■	生	卵	■	束	縛

96

八	岐	大	蛇	■	芋	茎	■	木	霊
卦	■	日	■	汚	名	■	四	阿	■
■	見	本	市	■	月	一	■	弥	栄
代	物	■	中	空	■	投	了	■	養
謝	■	潤	■	寝	不	足	■	真	価
■	斜	滑	降	■	相	■	臆	面	■
陰	陽	■	臨	機	応	変	■	目	高
惨	■	頭	■	織	■	化	身	■	麗
■	多	数	決	■	随	■	支	配	人
貴	重	■	裁	判	員	制	度	■	参

解答

97

評		草	薙	剣		有	機	水	銀
決	議	案		呑	行	為			防
	院		捜		灯		笹	団	子
目		監	査	役		方	舟		持
白	眼	視		不	可	解		般	若
	鏡		浮	足		石	仏		布
三		怪	力		絶		教	訓	
一	角	獣		筆	無	精		練	物
	砂		簿	記		根	拠		価
多	糖	類		体	裁		出	来	高

98

有	明	月		大	枚		天	日	塩
様		並	木	道		正	邪		梅
	宴	会		具	足		鬼	門	
相	席		先	方		跡		出	自
合		精	進		意	地	悪		分
傘	寿		国	内	外		戯	作	本
	老	酒		輪		宿	坊		位
異	人		交	差	点		主	翼	
端		音	響		心	太		竜	頭
児	童		曲	尺		鼓	舞		髪

99

温	床		私	小	説		構		引
泉		蘇	鉄		経	済	成	長	率
卵	胎	生		折		民		椅	
	動		駄	目	元		量	子	論
恐		瀟	洒		手	土	産		功
悦	喜		落	胆		筆		荒	行
至		窮		石	灰		消		賞
極	楽	鳥	花		色	素	沈	着	
	屋		火	急		浪		服	用
内	裏	雛		登	場	人	物		途

100

十	中	八	九		移	植		心	境
字		朔		国	籍		冗	長	
架	空		公	家		嫡		閑	散
	虚	無		老	若	男	女		蓮
金		記	録		草		優	曇	華
平	仮	名		着	色	料		天	
	普		浴	衣		簡	潔		徒
下	請	工	場		物		白	粉	花
腹		芸		決	議	案		砕	
部	屋		独	断		出	先	機	関

101

天	滓		液	晶		減		申	請
下		線	状		正	反	対		負
御	新	香		気	味		極	悪	人
免		代	用	品		椿		源	
	住		命		一	姫	二	太	郎
就	職	難		方	円		十		党
寝		問	題	外		千	歳	飴	
	克		材		掲	載		玉	座
自	己	中		暗	示		上		蒲
戒		背	番	号		管	弦	楽	団

102

指	揮		木	簡		郵	便	切	手
	発	酵		単	独		乗		長
搾		母	屋		自	他		三	猿
乳	酸	菌		学		力	一	杯	
	性		戸	籍	謄	本		酢	蛸
降	雨	量		簿		願	望		焼
臨		産	卵		按		月	代	
	染		黄	金	分	割		替	着
飲	料	水		環		愛	敬		心
茶		冷	凍	食	品		意	気	地

103

伊		脳	下	垂	体		口	分	田
予	想	外		涎		頭	角		植
柑		科	白		関	数		重	機
	曲		浪	花	節		穴		馬
園	芸	作	物		技	師		場	内
児		為		都		範	囲		憂
	無		飛	鳥	時	代		衛	
独	断	専	行		空		騎	士	道
	借		船	首		累	乗		中
土	用	波		筋	電	計		陣	笠

104

優		平	均	点		華	美		有
等	身	大		茶	目		食	中	毒
生		名	実		分	針		心	
	烏		感	無	量		多	角	形
白	鷺	城		表		鈍	色		骸
紙		下	町	情	緒		刷	新	
委	託		火		論	客		緑	青
任		不	消	化		演	芸		果
	幻	覚		合	掌		達	磨	市
妄	想		履	物		強	者		場

105

第	一	声	■	緩	和	■	天	日	塩
三	■	色	紙	■	独	眼	竜	■	化
世	襲	■	芝	生	■	張	■	路	銀
界	■	新	居	■	別	■	跡	地	■
■	握	手	■	無	添	加	■	裏	表
国	力	■	風	音	■	薬	湯	■	彰
民	■	氏	神	■	昼	飯	■	令	状
栄	養	素	■	京	間	■	消	息	■
誉	■	姓	名	■	人	件	費	■	帰
賞	賛	■	取	水	口	■	財	務	省

106

予	防	線	■	肥	満	■	却	■	八
報	■	香	味	料	■	天	下	無	双
円	周	■	噌	■	快	晴	■	謀	■
■	回	遊	■	多	感	■	跡	■	斬
舌	■	牧	羊	神	■	面	目	一	新
先	住	民	■	教	育	長	■	家	■
三	■	族	人	■	児	■	左	団	扇
寸	借	■	日	本	書	紀	■	欒	■
■	入	札	■	塁	■	行	灯	■	硝
裏	金	■	波	打	際	■	油	椰	子

107

理	■	人	望	■	隠	■	見	栄	坊
不	死	身	■	立	居	振	舞	■	主
尽	■	御	偉	方	■	袖	■	出	頭
■	子	供	■	根	雪	■	仮	初	■
委	細	■	奥	■	女	流	■	式	典
譲	■	手	付	金	■	氷	結	■	範
■	家	並	■	融	通	■	婚	約	■
散	財	■	織	機	■	誤	記	■	強
文	■	配	■	関	連	■	念	願	力
詩	歌	管	弦	■	休	肝	日	■	粉

108

木	■	免	許	証	■	徒	花	■	本
耳	掃	除	■	拠	出	■	散	髪	屋
■	海	■	覚	書	■	山	里	■	学
八	■	闘	■	類	人	猿	■	設	問
百	家	争	鳴	■	差	■	奸	計	■
■	庭	■	物	価	指	数	■	図	南
宗	教	画	■	千	■	列	強	■	極
師	■	試	金	石	■	大	気	圏	■
嫌	■	愛	飲	■	灯	明	■	化	■
悪	感	情	■	旅	籠	■	解	熱	剤

109

寝	不	足	■	一	途	■	時	系	列
■	承	■	苦	悶	■	雲	間	■	挙
浅	知	恵	■	着	脱	■	外	周	■
葱	■	比	肩	■	力	尽	■	遊	戯
■	急	須	■	予	感	■	食	券	■
機	転	■	堤	防	■	親	指	■	菓
■	直	火	■	医	師	会	■	穴	子
配	下	■	博	学	■	社	交	場	■
当	■	熱	愛	■	円	■	通	■	炎
金	屏	風	■	未	熟	児	網	膜	症

110

有	無	■	標	準	語	■	後	頭	部
■	遠	江	■	抗	■	風	味	■	外
不	慮	■	広	告	媒	体	■	黙	秘
必	■	民	間	■	介	■	公	認	■
要	注	意	■	温	■	実	益	■	義
進	■	寒	暖	計	■	法	華	経	■
善	■	余	波	■	料	理	人	■	記
隣	近	所	■	静	■	屈	■	竜	■
友	■	事	情	聴	取	■	伝	馬	船
好	況	■	緒	■	組	織	票	■	舶

111

受	難		座	主		内	弁	慶		布
	解	禁		導	入	部		祝	儀	袋
塩		漁	業	権		工	夫		仗	
基	点		師		操	作		白	兵	戦
	鼻	薬		放	縦		鱗	粉		慄
自		研	修	生		陰		花	押	
動	揺		道		一	口	大		収	録
制		男	女	平	等		仕	草		画
御	手	前		和		万	事		型	
	羽		公	共	料	金		折	紙	付
急	先	鋒		存		丹	頂	鶴		随

112

無		価	格		源	泉		大	看	板
血	糖	値		摂	氏		法	規		前
革		観	賞		雲	雀		模	擬	
命	運		賛	成		荘	厳		餌	食
	動	揺		人	望		選	鉱		料
泥	靴		臆	病		東		工	芸	品
酔		横	面		遠	洋	漁	業		店
	家	柄		因	縁		獲		談	
坪	庭		効	果		最	高	裁	判	所
	円	周	率		爾	後		繕		在
膨	満		的	屋		尾	鰭		帯	地

113

新	展	開	■	射	■	債	務	■	歓	呼
生	■	基	本	的	人	権	■	驚	喜	■
児	童	■	棚	■	工	■	仰	天	■	雑
■	話	題	■	紙	芝	居	■	動	物	記
遺	作	■	京	風	■	候	補	地	■	帳
■	家	事	■	船	頭	■	佐	■	里	■
入	■	後	釜	■	寒	椿	■	雷	親	父
社	内	報	■	蛇	足	■	闇	雲	■	兄
式	■	告	発	■	熱	帯	夜	■	機	会
■	破	■	明	星	■	分	■	玄	関	■
閻	魔	大	王	■	回	数	券	■	士	族

114

千	日	手	■	是	非	■	偏	重	■	産
草	■	荒	野	■	難	関	■	厚	焼	卵
■	氏	■	菜	単	■	八	百	長	■	期
御	神	火	■	三	角	州	■	大	過	■
髪	■	急	追	■	煮	■	愉	■	半	熟
■	悠	■	放	免	■	不	快	指	数	■
持	久	戦	■	許	認	可	■	紋	■	葉
続	■	車	検	証	■	解	凍	■	山	脈
力	説	■	疫	■	図	■	土	地	勘	■
■	明	細	■	流	星	群	■	雷	■	協
例	文	■	祝	儀	■	小	田	原	評	定

解答

115

虚		人	事	不	省		痛	快		三
無	表	情		惑		逆	風		回	文
主		本	尊		内	探		乗		小
義	理		敬	愛		知	行	合	一	説
	想	起		憎	悪		司		等	
実	像		海		戦	禍		奇	兵	隊
物		七	難	八	苦		武	術		列
大	公		救		闘	牛	士		細	
	私	学	助	成		乳		加	工	紙
借		芸		就	任		五	味		粘
家	族	会	議		期	待	感		陶	土

116

羽	子	板		冷	却	期	間		最	寄
二		前	菜		下		仕	草		宿
重	大		種	類		踏	切		校	舎
	局	番		似	顔	絵		厳	正	
傍	観		選		料		憲		刷	新
若		思	考	力		文	章	法		陳
無	遠	慮		量	産	化		治	療	代
人		分	岐		土		万	国		謝
	差	別		精	神	統	一		内	
満	額		秘	密		計		手	裏	剣
喫		駅	伝		光	学	器	械		突

117

不	愉	快	■	仲	見	世	■	双	眼	鏡
可	■	楽	隠	居	■	間	奏	曲	■	餅
抗	争	■	語	■	固	体	■	線	路	■
力	■	弥	■	祝	辞	■	海	■	肩	身
■	後	生	大	事	■	寿	老	人	■	軽
公	家	■	僧	■	際	限	■	望	郷	■
達	■	真	正	直	■	無	我	■	里	山
■	虚	偽	■	交	通	■	田	舎	■	頂
結	構	■	分	■	商	取	引	■	矮	■
果	■	金	科	玉	条	■	水	車	小	屋
論	拠	■	会	■	約	束	■	座	■	号

118

雑	排	水	■	風	土	記	■	施	工	図
踏	■	瓶	詰	■	壇	■	飢	餓	■	星
■	胡	座	■	秋	場	所	■	鬼	蓮	■
乱	麻	■	驟	雨	■	出	自	■	華	美
■	塩	辛	■	前	兆	■	然	程	■	容
稽	■	子	午	線	■	漸	増	■	二	院
古	今	■	睡	■	遺	■	加	速	度	■
■	一	往	■	熱	伝	導	率	■	手	腕
反	■	復	元	力	■	体	■	期	間	■
逆	言	葉	■	学	歴	■	虐	待	■	地
児	■	書	斎	■	訪	問	■	値	千	金

解答

119

有	様	■	鳴	門	海	峡	■	無	限	大
理	■	乾	物	猫	■	伝	言	■	僧	
数	千	■	入	道	■	諸	説	■	改	正
■	差	異	■	案	山	子	■	値	札	■
巨	万	■	境	内	■	百	済	■	口	実
■	別	世	界	■	公	家	■	為	■	行
坊	■	話	■	模	式	■	動	体	視	力
主	演	女	優	■	戦	闘	機	■	聴	■
頭	■	房	■	管	■	鶏	■	能	率	給
■	危	■	弁	財	天	■	工	面	■	水
応	急	手	当	■	空	返	事	■	拍	車

120

志	願	■	三	寒	四	温	■	写	真	機
望	■	勤	行	■	葉	■	如	実	■	関
校	門	■	半	田	■	涙	雨	■	暴	投
■	下	敷	■	舎	人	■	露	草	■	資
自	生	■	孫	娘	■	審	■	書	道	家
然	■	覚	悟	■	夢	判	断	■	祖	■
数	表	■	空	気	枕	■	交	感	神	経
■	敬	遠	■	炎	■	没	■	触	■	験
万	■	隔	離	■	午	後	一	■	異	論
歩	合	制	■	熟	睡	■	両	極	端	■
計	■	御	存	知	■	縁	日	■	児	童

121

松	葉	・	養	■	通	商	■	貴	公	子
竹	■	天	蚕	糸	■	売	掛	金	■	守
梅	雨	晴	■	切	口	上	■	属	目	■
■	樋	■	奥	歯	■	手	毬	■	印	影
二	■	粗	方	■	脂	■	栗	毛	■	法
胡	麻	塩	■	平	身	低	頭	■	恩	師
■	縄	■	鹿	茸	■	温	■	下	賜	■
歳	■	悲	鳴	■	自	殺	点	■	賞	賛
時	代	劇	■	駆	■	菌	■	誓	■	助
■	稽	■	冠	動	脈	■	契	約	書	■
考	古	学	者	■	圧	延	機	■	架	橋

122

溶	接	■	精	密	■	縮	小	■	采	配
■	近	江	■	教	会	■	手	弱	女	■
閑	■	戸	建	■	得	意	先	■	正	誤
静	御	前	■	梅	■	匠	■	海	■	作
■	世	■	禁	酒	法	■	火	山	活	動
美	辞	麗	句	■	治	験	薬	■	性	■
術	■	姿	■	蜂	■	算	■	木	炭	画
品	目	■	水	蜜	桃	■	鋸	挽	■	期
■	白	雲	母	■	三	昧	■	歌	声	■
午	■	上	■	行	李	■	回	■	色	紙
後	任	人	事	■	四	大	文	明	■	屑

解答

123

半	径		留	保		興	信	所		過
透		井	守		秋	味		有	機	酸
明	滅		電	磁	波		品	格		化
	多	幸		器		得	物		雲	水
初		先	般		散	策		因		素
恋	仲		若	白	髪		漁	業	権	
	仕	舞	湯		屋	形	船		利	点
夢		妓		夜		骸		猛		描
現	役		回	鍋	肉		鳥	獣	戯	画
	不	如	帰		親	分	肌		作	
襟	足		線	審		煙		基	本	給

124

二	足	三	文		遺	失	物		聖	域
	柄		芸	術	品		議	事	堂	
火	山	岩		策		考		故		恵
影		屋	敷		非	課	税		対	比
	木	戸		奉	公		関	西		須
御	蔭		縁		開	運		瓜	実	顔
膝		講	談	師		命	題		害	
下	世	話		走	査	線		汗		急
	間		久		察		海	水	浴	場
天	体	望	遠	鏡		穴	馬		衣	
滓		楼		餅	菓	子		意	地	悪

125

野	放	途	■	肝	吸	■	既	成	事	実
■	課	■	強	硬	■	虚	■	熟	■	用
午	後	一	■	変	体	仮	名	■	刷	新
睡	■	筆	舌	■	重	■	犬	猿	■	案
■	拝	啓	■	家	計	簿	■	公	民	権
比	■	上	出	来	■	価	値	■	宿	■
肩	車	■	血	■	抱	■	打	撃	■	席
■	両	三	■	勝	負	所	■	鉄	火	巻
朝	■	千	日	手	■	信	仰	■	浣	■
顔	見	世	■	口	角	■	天	下	布	武
市	■	界	隈	■	樽	柿	■	請	■	術

126

羅	城	門	■	必	修	科	目	■	奉	仕
列	■	戸	板	■	道	■	白	粉	■	手
■	満	開	■	魔	女	狩	■	雪	合	戦
木	■	放	送	法	■	装	填	■	言	■
耳	介	■	迎	■	花	束	■	柳	葉	魚
■	護	摩	■	薬	瓶	■	角	樽	■	市
四	■	利	尿	剤	■	世	界	■	霊	場
十	二	支	■	師	範	代	■	驚	異	■
雀	■	天	草	■	疇	■	重	■	記	入
■	艦	■	競	売	■	上	機	嫌	■	漁
南	船	北	馬	■	彼	方	■	悪	材	料

解答

127

雲		窮	極		詮	索		万	年	床
丹	前		大	紫		引	出	物		暖
	頭	脳		禁	断		奔		子	房
三	葉		贋		片	時		定	規	
国		戯	作	本		間	氷	期		紺
一	家	言		予	想	外		便	利	屋
	鴨		演	算		手	簡		休	
鋭		俗	説		勘	当		海	鼠	腸
意	地	悪		精	査		雪	女		内
	球		邁	進		甚	平		些	細
律	儀	者		揚	力		鍋	肌		菌

128

注	連	縄		宮	大	工		浪	漫	派
意		文	筆	家		芸	能	人		遣
報	復		箱		蛇		面		滅	
	刻	限		下	腹	部		円	相	場
旗	本		不	足		分	電	盤		外
行		懸	案		会	食		投	網	
列	伝		内	輪	話		霧		代	謝
	統	一		禍		如	雨	露		肉
姫		衣	魚		出	来		地	鎮	祭
路	側	帯		悪	血		昨		魂	
城		水	仕	事		古	今	和	歌	集

129

新	緑	■	■	等	身	大	■	竹	輪	■	凝
■	黄	金	比	■	公	有	林	■	監	視	■
難	色	■	級	友	■	袋	■	探	査	■	■
破	■	回	数	■	書	類	送	検	■	老	■
船	食	虫	■	料	簡	■	迎	■	無	骨	■
■	紅	■	脚	■	文	集	■	叡	知	■	■
防	■	日	本	平	■	魚	醬	■	蒙	古	■
御	来	光	■	常	夜	灯	■	三	昧	■	■
率	■	街	頭	■	見	■	鎖	国	■	六	■
■	報	道	■	不	世	出	■	干	拓	地	■
快	復	■	命	運	■	没	交	渉	■	蔵	■

130

漁	火	■	自	己	満	足	■	半	狂	乱
■	球	戯	■	等	■	早	稲	田	■	高
投	■	作	柄	■	鬼	■	妻	■	無	下
影	武	者	■	鳴	門	巻	■	刻	限	■
■	士	■	代	物	■	狩	衣	■	大	卒
街	道	筋	■	入	試	■	類	推	■	業
角	■	肉	厚	■	運	勢	■	進	化	論
■	言	質	■	栄	転	■	与	力	■	文
勤	行	■	雨	冠	■	強	奪	■	決	■
■	一	段	落	■	縁	談	■	格	闘	技
拉	致	■	石	畳	■	判	別	式	■	能

解答

131

素	描	■	蕎	麦	■	瓦	解	■	棄	権
■	写	生	■	秋	千	■	禁	句	■	謀
遭	■	業	腹	■	軍	鶏	■	読	心	術
難	民	■	八	百	万	■	接	点	■	数
■	主	成	分	■	馬	酔	木	■	穏	■
遠	国	■	目	元	■	狂	■	配	当	金
■	家	訓	■	来	手	■	景	色	■	型
反	■	辞	世	■	先	入	観	■	候	■
骨	組	■	間	柄	■	漁	■	古	文	書
精	■	対	話	■	燃	料	電	池	■	院
神	楽	面	■	延	焼	■	撃	■	偽	造

132

雲	■	迂	■	殖	産	■	皮	肉	■	鰻
母	川	回	帰	■	声	優	■	親	子	丼
■	面	■	路	傍	■	勝	鬨	■	供	■
操	■	多	■	目	一	杯	■	内	服	薬
人	間	国	宝	■	本	■	溶	接	■	箱
形	■	籍	■	乱	気	流	■	円	卓	■
■	孤	軍	奮	闘	■	星	屑	■	球	宴
虎	児	■	迅	■	春	雨	■	血	■	会
■	院	政	■	大	分	■	伝	統	工	芸
岡	■	治	療	食	■	獣	道	■	程	■
持	久	力	■	漢	方	医	■	背	表	紙

133

綾	錦		湿	布		検	温		気	宇
	鯉	濃		教	授		泉	質		宙
真		縮	小		受	精	卵		偏	食
平	均		春	霞		神		咽	頭	
	一	両	日		文	科	省		痛	切
油		極		動	脈		力	瘤		破
井	戸	端	会	議		乳	化		旋	風
	籍		意		虫	酸		調	律	
仏	法	僧		懸	垂		踏	査		几
蘭		正	眼		炎	上		捕	物	帳
西	瓜		光	陰		背	美	鯨		面

134

梅	雨	空		撥	水	加	工		伯	爵
枝		気	鋭		面		夫	婦	仲	
	旅	枕		天	下	一		警		怨
侠	客		海	牛		辺	縁		観	念
	機	雷	原		打	倒		民	衆	
記		魚		相	撲		往	生		扇
憶	測		謁		傷	口		委	任	状
装		初	見	参		外	交	員		地
置	土	産		考	慮		歓		覚	
	俵		恋	文		国	会	図	書	館
実	際	的		献	立	表		星		長

解答

135

前	後	不	覚	■	奈	落	■	割	烹	着
髪	■	如	■	優	良	■	菜	箸	■	想
■	有	意	義	■	朝	御	飯	■	一	■
紋	様	■	勇	壮	■	神	■	竜	騎	兵
付	■	粗	■	大	名	火	消	■	当	■
■	小	利	口	■	人	■	失	敬	千	万
河	童	■	金	本	位	制	■	虐	■	華
鹿	■	傘	■	懐	■	汗	疹	■	手	鏡
■	地	下	鉄	■	乳	剤	■	昇	段	■
筆	頭	■	亜	硫	酸	■	沈	降	■	餌
箱	■	馬	鈴	■	菌	類	■	機	内	食

136

付	和	雷	同	■	太	郎	冠	者	■	肥
箋	■	親	■	小	鼓	■	鶴	■	未	満
■	養	父	母	■	腹	懸	■	補	完	■
海	豚	■	港	町	■	案	外	■	成	就
里	■	超	■	飛	蝗	■	連	携	■	職
■	二	人	三	脚	■	大	味	■	災	難
四	股	■	原	■	靴	音	■	危	害	■
季	■	枯	山	水	■	声	高	■	救	命
■	桜	草	■	神	楽	■	野	暮	助	■
扁	桃	■	踏	■	隠	元	豆	■	犬	歯
平	■	影	絵	芝	居	■	腐	敗	■	垢

137

超	新	星	■	餓	鬼	道	■	皮	算	用
■	参	■	壊	死	■	筋	肉	質	■	命
生	者	必	滅	■	間	■	薄	■	卸	■
活	■	需	■	遠	隔	地	■	商	売	気
苦	悶	■	側	近	■	勢	力	圏	■	宇
■	絶	無	■	法	度	■	拳	■	強	壮
早	■	駄	賃	■	外	戚	■	肝	■	大
晩	御	飯	■	敵	視	■	中	心	点	■
■	影	■	空	前	■	不	和	■	描	写
土	石	流	■	上	告	審	■	応	■	真
塊	■	離	着	陸	■	火	災	報	知	機

138

三	平	汁	■	黙	示	録	■	劇	作	家
■	仮	■	極	秘	■	画	期	的	■	政
無	名	指	■	権	現	■	限	■	寡	婦
益	■	南	瓜	■	金	剛	■	辻	占	■
■	大	役	■	封	書	■	概	説	■	厳
一	昔	■	筆	■	留	保	■	法	人	格
見	■	等	圧	線	■	存	亡	■	情	■
客	単	価	■	香	味	料	■	談	話	室
■	行	■	城	■	酬	■	失	笑	■	蘭
日	本	永	代	蔵	■	雅	楽	■	逸	■
傘	■	住	■	元	凶	■	園	芸	品	種

139

搾	乳	■	梅	干	飴	■	就	航	■	一
■	酸	性	雨	■	色	紙	■	空	元	気
揮	発	■	寒	貧	■	袋	小	路	■	呵
■	酵	素	■	困	窮	■	豆	■	結	成
姉	■	封	鎖	■	余	生	■	青	果	■
御	三	家	■	単	■	徒	花	■	論	陣
■	脚	■	孤	独	死	■	林	檎	■	太
縦	■	殿	軍	■	角	砂	糖	■	舌	鼓
縞	模	様	■	病	■	塵	■	輪	禍	■
■	造	■	絵	葉	書	■	流	転	■	悪
人	品	骨	柄	■	道	標	■	機	内	食

140

神	通	力	■	群	集	心	理	■	引	責
主	■	一	幕	■	大	■	屈	折	率	■
■	玉	杯	■	両	成	敗	■	鶴	■	開
御	簾	■	挿	替	■	色	白	■	魚	眼
新	■	荒	■	商	機	■	浪	費	■	供
香	味	野	菜	■	微	生	物	■	教	養
■	噌	■	単	独	■	中	■	更	科	■
胆	汁	酸	■	自	在	継	手	■	書	家
石	■	欠	如	■	郷	■	本	震	■	子
■	賭	■	何	処	■	飽	■	源	五	郎
議	事	日	程	■	昭	和	基	地	■	等

141

御	足	■	地	殻	変	動	■	発	起	人
猪	■	渦	中	■	幻	■	諫	言	■	格
口	述	■	海	流	■	遷	力	量	者	■
■	懐	石	■	感	情	移	入	■	子	■
遣	■	灯	明	■	報	■	学	位	論	文
唐	丸	籠	■	光	源	氏	■	牌	■	化
■	暗	■	木	通	■	神	妙	■	拾	遺
登	記	所	■	信	条	■	薬	玉	■	産
録	■	有	無	■	約	款	■	露	草	■
商	魂	■	宗	門	改	■	解	■	創	造
標	■	儒	教	■	正	規	雇	用	■	幣

142

資	格	試	験	■	真	顔	■	草	木	染
■	子	■	算	盤	珠	■	警	笛	■	色
江	戸	前	■	石	■	十	戒	■	得	体
河	■	身	軽	■	誤	字	■	帯	心	■
■	日	頃	■	偉	■	軍	配	■	尽	力
献	本	■	仲	人	親	■	置	碁	■	投
■	猿	芝	居	■	不	退	転	■	剥	■
数	■	生	■	忠	孝	■	換	骨	奪	胎
値	段	■	果	実	■	因	■	伝	■	児
制	■	吉	報	■	学	習	指	導	案	■
御	面	相	■	遍	歴	■	揮	■	分	権

解答

143

予	防	■	耳	年	増	■	呉	越	同	舟
■	御	節	介	■	上	薬	■	天	■	唄
岸	■	句	■	高	慢	■	音	楽	会	■
壁	掛	■	却	下	■	膝	頭	■	話	題
■	軸	受	■	駄	目	元	■	経	文	■
課	■	精	進	■	撃	■	修	験	■	雑
金	糸	卵	■	武	者	絵	■	論	理	学
■	切	■	蛮	勇	■	筆	跡	■	容	■
出	歯	亀	■	伝	統	■	地	勢	■	打
世	■	甲	乙	■	廃	墟	■	力	相	撲
魚	礁	■	姫	百	合	■	水	圏	■	傷

144

浮	世	床	■	練	■	債	権	国	会	議
遊	■	山	水	屏	風	■	兵	■	釈	■
■	血	■	垢	■	土	左	衛	門	■	設
不	統	一	■	客	■	前	■	下	準	備
覚	■	目	玉	商	品	■	余	生	■	投
■	飛	散	■	売	■	耐	震	■	外	資
紅	花	■	薬	■	悠	久	■	常	連	■
差	■	大	禍	時	■	消	炭	■	味	見
指	南	役	■	機	密	費	■	御	■	幕
■	京	■	殺	到	■	財	産	所	得	■
湯	豆	腐	■	来	賓	■	声	■	物	腰

145

調	教	師	■	夫	役	■	医	食	同	源
■	則	■	産	婦	■	施	療	■	衾	■
日	本	平	■	別	状	■	法	被	■	生
照	■	氏	素	姓	■	上	人	■	天	涯
時	雨	■	寒	■	迷	信	■	雷	文	■
間	■	脳	貧	血	■	越	権	■	学	童
■	内	裏	■	糖	質	■	威	圧	的	■
鼻	緒	■	安	値	■	鉄	筋	■	数	珠
薬	■	健	全	■	温	床	■	赤	字	■
■	逸	■	運	動	野	■	畦	道	■	騎
心	機	一	転	■	菜	箸	■	儀	仗	兵

146

鏡	花	水	月	■	再	燃	■	白	鼻	心
像	■	資	■	空	輸	■	氷	河	■	血
■	光	源	氏	■	出	奔	■	関	西	■
異	彩	■	神	代	■	放	電	■	表	敬
色	■	離	■	執	筆	■	子	沢	山	■
■	特	別	急	行	■	羽	音	■	猫	舌
象	徴	■	発	■	精	根	■	薄	■	鼓
限	■	新	進	気	鋭	■	意	味	深	■
■	見	聞	■	苦	■	宮	中	■	酒	米
越	境	■	勤	労	奉	仕	■	腕	■	騒
年	■	接	続	■	納	■	事	前	運	動

解答

147

地	■	目	安	箱	■	雲	■	暴	風	雨
盤	石	■	心	■	中	間	選	挙	■	靴
沈	■	独	立	自	尊	■	果	■	内	■
下	総	■	命	■	寺	銭	■	陳	紛	漢
■	曲	者	■	頌	■	湯	豆	腐	■	和
大	輪	■	小	春	空	■	知	■	訓	辞
前	■	呆	気	■	無	意	識	的	■	典
提	起	■	味	方	■	図	■	場	外	■
■	訴	追	■	向	腹	■	滑	■	国	教
結	■	試	運	転	■	代	稽	古	■	則
核	実	験	■	換	算	表	■	人	情	本

148

過	飽	和	■	乾	門	■	景	観	■	時
酷	■	独	自	■	出	超	■	客	単	価
■	唖	■	治	安	■	特	異	■	色	■
渾	然	一	体	■	緩	急	■	夜	光	虫
身	■	番	■	我	慢	■	玉	露	■	螻
■	勝	手	気	儘	■	講	座	■	厭	■
暗	算	■	分	■	辻	堂	■	御	世	辞
黒	■	回	転	木	馬	■	首	都	■	職
面	接	■	換	■	車	検	■	合	鴨	■
■	骨	格	■	荒	■	事	業	主	■	核
獣	医	■	品	行	方	正	■	義	侠	心

149

熊		誘	導	加	熱		息	女		成
笹	身		火		帯	電		流	線	型
	勝	率		白	夜		遺	作		品
八	手		揚	羽		仁		家	出	
重		獅	子		左	義	長		現	世
桜	桃		江	戸	前		広	報		迷
	源	泉		棚		百	舌		小	言
帰	郷		卸		併	合		票	田	
巣		商	売	敵		根	城		原	稿
本	歌	取		視	野		下	馬	評	
能		引	退		宿	場	町		定	刻

150

急	降	下		勉	強		便	乗		百
行		品	書		奪	回		心	理	戦
列	挙		簡	単		遊	休	地		練
車		瀟		独	自		暇		不	磨
	御	洒	落		修	正		利	発	
勝	者		雷	同		反	作	用		標
手		勘		好	一	対		客	観	的
口	頭	弁	論		撃		財		音	
	陀		文	壇		光	源	氏		無
有	袋	類		上	調	子		素	浪	人
志		推	薦		剤		陽	性		島

解答

253

151

絢		巧	言	令	色		双	肩		故	障
爛	漫		及		鉛	硝	子		水	郷	
	遊	牧		肉	筆		座	蒲	団		寝
創		神	無	月		義		焼		玩	具
意	向		愛		海	賊	船		五	味	
工		奇	想	天	外		中	華	街		絵
夫	婦	岩		王		間	八		道	徳	心
	警		異	星	人		策	略		俵	
訂		代	物		力	持		奪	回		司
正	誤	表		名	車		枝		帰	納	法
箇		作	曲	家		紅	葉	前	線		試
所	詮		輪		塩	梅		衛		霊	験

152

枕		南	氷	洋		面	目	無		記	載
木	版	画		裁	判	長		我	武	者	
	権		禁		子		初	夢		団	栗
六		管	制	塔		満		中	止		鼠
文	化	財		頭	寒	足	熱		血	清	
銭		人	魚		村		処	世		純	真
	聴		市	井		受	理		華		正
公	衆	浴	場		試	験		謹	厳	実	直
演		衣		一	合		進	呈		行	
	亜		闇	夜		徒	歩		能	力	給
色	鉛	筆		大	自	然		下	書		水
斑			算	盤	尽		草	月	流		操	車

153

飢	餓	■	汚	名	返	上	■	充	填	■	牛
■	鬼	門	■	跡	■	新	事	実	■	鯨	飲
似	■	戸	籍	■	花	粉	■	感	動	■	馬
非	公	開	■	歌	壇	■	呵	■	機	内	食
者	■	放	送	劇	■	無	責	任	■	野	■
■	極	■	迎	■	鉄	骨	■	期	末	手	当
温	度	差	■	一	筋	■	偏	■	尾	■	選
泉	■	出	来	心	■	風	見	鶏	■	模	■
■	求	人	■	不	純	物	■	口	頭	試	問
自	愛	■	散	乱	■	詩	集	■	取	■	題
叙	■	徒	歩	■	八	■	約	分	■	寓	意
伝	染	■	道	中	双	六	■	解	毒	■	識

154

首	都	圏	■	造	成	■	履	修	■	博	徒
実	■	外	来	語	■	唯	■	行	幸	■	然
検	温	■	賓	■	紙	一	重	■	福	寿	草
■	泉	質	■	葵	上	■	複	雑	■	退	■
野	宿	■	花	祭	■	安	■	学	歴	社	会
次	■	息	吹	■	土	産	話	■	訪	■	議
馬	刺	■	雪	平	鍋	■	半	熟	■	命	中
■	青	春	■	方	■	追	分	■	表	題	■
拠	■	雷	神	■	模	試	■	無	情	■	夏
点	呼	■	出	陣	式	■	負	担	■	香	炉
■	吸	血	鬼	■	図	鑑	■	保	証	■	冬
楽	器	■	没	頭	■	定	礎	■	左	団	扇

解答

155

栄	華	■	真	偽	■	御	家	騒	動	■	太
養	■	改	善	■	乳	歯	■	然	■	舌	鼓
素	直	■	美	談	■	黒	髪	■	源	平	■
■	系	統	■	判	子	■	結	審	■	目	深
無	■	計	略	■	午	睡	■	査	察	■	海
理	解	力	■	前	線	■	客	員	■	年	魚
算	■	学	術	書	■	豪	商	■	乾	季	■
段	落	■	中	■	病	■	売	店	■	奉	納
■	下	戸	■	万	葉	集	■	主	人	公	■
雨	傘	■	敏	感	■	配	置	■	事	■	片
合	■	風	速	■	投	■	手	元	不	如	意
羽	根	車	■	原	稿	用	紙	■	省	■	地

156

気	管	支	■	加	持	祈	祷	■	事	情	通
■	理	■	竣	工	■	念	■	腹	案	■	商
就	職	難	■	食	育	■	尺	八	■	信	条
学	■	民	生	品	■	尾	■	分	野	■	約
率	直	■	涯	■	手	羽	先	■	武	運	■
■	射	出	■	泥	水	■	代	議	士	■	薪
命	日	■	模	試	■	描	■	題	■	知	能
■	光	源	■	合	成	写	真	■	恩	恵	■
陶	■	流	人	■	仏	■	青	空	■	熱	愛
土	筆	■	心	境	■	液	■	虚	無	■	妻
■	不	統	一	■	団	体	戦	■	関	西	弁
妖	精	■	新	天	地	■	記	録	係	■	当

157

備	蓄		駄	洒	落		封	建		豆	乳
	電	車	賃		雪	女		国	連		酸
内		掌		博		将	軍		結	核	菌
需	給		火	打	石		配	管		武	
	水	銀	柱		綿	雲		制	御	装	置
児		盤		健		海	里		存		碁
童	歌		低	気	圧		親	不	知	歯	
手		発	音		力	拳		束		肉	球
当	日	券		後	釜		記	者	団		根
	本		解	任		失	念		交	換	
春	一	番		人	間	業		懸		算	術
霞		茶	飯	事		率	先	垂	範		策

158

畳		誰	彼		隠	忍	自	重		蛸	壺
表	裏		是	非		耐		力	不	足	
	工	賃		公	認		寒	波		配	慮
発	作		未	開		脳	天		伏	線	
展		木	曾		鳴	神		睡	魔		雨
途	端		有	無		経	過		殿	様	蛙
上		帰		比	類		敏	腕		式	
国	民	投	票		似	顔		時	鳥		布
	間		決	勝	点		一	計		雑	巾
隣	人	愛		関		寝	言		子	役	
近		情	景		猶		居	留	守		婉
所	謂		気	象	予	報	士		歌	謡	曲

159

自	■	無	花	果	■	構	造	式	■	端	午
主	治	医	■	樹	状	図	■	典	型	的	■
規	■	村	落	■	況	■	過	■	枠	■	編
制	御	■	札	束	■	苦	労	性	■	反	物
■	神	楽	■	子	煩	悩	■	悪	影	響	■
漁	火	■	風	■	雑	■	海	■	絵	■	羽
獲	■	方	向	舵	■	重	馬	場	■	後	釜
高	瀬	舟	■	輪	転	機	■	面	白	味	■
■	戸	■	旗	■	職	■	光	■	亜	■	口
国	際	見	本	市	■	耳	年	増	■	陳	述
分	■	頃	■	民	俗	学	■	水	車	■	筆
寺	院	■	債	権	■	問	診	■	道	中	記

160

黄	金	■	役	不	足	■	百	合	■	天	晴
■	勘	案	■	戦	■	狩	人	■	知	辺	■
既	定	■	景	勝	地	■	一	見	識	■	腕
視	■	異	色	■	獄	門	首	■	欲	得	尽
感	受	性	■	水	■	松	■	七	■	物	■
■	験	■	家	系	図	■	黒	曜	石	■	蛇
後	生	大	事	■	書	簡	文	■	突	破	口
釜	■	躍	■	皆	目	■	字	面	■	談	■
■	先	進	国	■	録	画	■	高	台	■	河
奥	付	■	交	易	■	策	略	■	座	敷	童
女	■	果	樹	■	傑	■	式	場	■	布	■
中	頃	■	立	身	出	世	■	外	郭	団	体

161

御	手	前	■	無	作	為	抽	出	■	接	木
蔭	■	後	処	理	■	体	■	足	早	■	偶
■	懸	賞	■	難	民	■	旋	■	朝	寝	坊
虫	垂	■	話	題	■	神	風	連	■	待	■
籠	■	折	半	■	網	戸	■	日	進	月	歩
■	執	■	分	際	■	牛	乳	■	退	■	行
肝	心	要	■	限	定	■	母	屋	■	巧	者
吸	■	注	射	■	時	候	■	根	城	■	天
■	同	意	■	抑	制	■	脳	裏	■	帰	国
細	工	■	指	圧	■	桔	梗	■	滞	納	■
■	異	邦	人	■	悪	■	塞	翁	■	法	外
湾	曲	■	形	勢	逆	転	■	草	葉	■	堀

162

紅	■	万	有	引	力	■	口	語	文	■	消
生	没	年	■	責	■	内	裏	■	民	主	化
姜	■	筆	舌	■	御	祝	■	血	統	■	器
■	迫	■	平	均	台	■	波	■	制	覇	■
不	真	面	目	■	場	外	乱	闘	■	気	圧
動	■	妖	■	寄	■	堀	■	牛	丼	■	縮
産	声	■	手	付	金	■	策	士	■	契	機
登	■	薄	荷	■	銭	勘	定	■	節	約	■
記	念	■	物	音	■	弁	■	風	■	書	画
■	仏	陀	■	楽	焼	■	無	神	経	■	時
蛇	踊	■	伝	家	■	奥	様	■	師	範	代
足	■	継	承	■	演	義	■	荒	屋	■	的

解答

163

問	題	外	■	垣	間	見	■	鬱	金	■	雑
屋	■	来	訪	■	接	■	臆	病	■	末	踏
■	青	魚	■	月	光	仮	面	■	完	遂	■
些	少	■	樹	齢	■	名	■	健	全	■	食
■	年	賀	状	■	木	遣	歌	■	試	供	品
精	■	春	■	海	綿	■	姫	百	合	■	公
神	楽	■	寛	■	糸	口	■	姓	■	危	害
統	■	新	大	陸	■	実	演	■	契	機	■
一	番	手	■	運	河	■	習	熟	■	感	覚
■	鳥	■	詮	■	原	生	林	■	解	■	書
闇	■	総	索	引	■	石	■	豊	明	殿	■
入	射	角	■	火	山	灰	土	壌	■	方	便

164

破	砕	■	飛	鳥	■	秋	雨	前	線	■	遺
■	氷	下	魚	■	時	空	■	衛	■	人	跡
恋	■	馬	■	京	間	■	御	■	穀	類	■
文	芸	評	論	■	外	国	為	替	■	愛	好
■	妓	■	理	屈	■	務	■	刃	傷	■	景
総	■	不	和	■	分	相	応	■	心	意	気
決	議	案	■	硝	煙	■	援	護	■	固	■
算	■	内	弟	子	■	哀	歌	■	白	地	図
■	奉	■	姫	■	憂	愁	■	鱗	粉	■	星
大	仕	事	■	配	慮	■	婚	■	花	押	■
一	■	業	績	給	■	違	約	金	■	収	支
番	記	者	■	元	号	法	■	網	戸	■	度

165

沖	仲	仕	■	東	■	汗	水	■	背	筋	力
漬	■	舞	台	照	明	■	琴	柱	■	肉	■
■	産	湯	■	宮	■	洞	窟	■	角	質	層
生	卵	■	参	■	考	察	■	適	材	■	雲
一	■	深	謀	遠	慮	■	検	温	■	残	■
本	通	夜	■	距	■	免	疫	■	音	響	学
■	信	■	分	離	課	税	■	切	符	■	芸
危	機	感	■	恋	■	店	頭	株	■	客	員
篤	■	動	物	愛	護	■	髪	■	景	観	■
■	補	■	議	■	摩	擦	■	呆	■	性	悪
未	完	成	■	教	壇	■	大	気	圏	■	趣
練	■	熟	字	訓	■	忠	臣	■	外	連	味

166

電	磁	石	■	今	一	■	本	尊	■	寒	椿
気	■	高	架	■	大	吟	醸	■	余	波	■
分	割	■	空	返	事	■	造	船	所	■	瓜
解	■	加	■	礼	■	甘	酒	■	見	栄	坊
■	豪	速	球	■	暴	露	■	疫	■	冠	■
古	■	度	■	推	挙	■	耳	学	問	■	私
希	望	的	観	測	■	貝	殻	■	答	弁	書
■	郷	■	艦	■	蟻	塚	■	皆	無	■	箱
溶	■	腹	式	呼	吸	■	板	■	用	途	■
岩	絵	具	■	称	■	延	長	戦	■	絶	縁
台	■	合	作	■	亡	命	■	利	鞘	■	切
地	獄	■	為	政	者	■	逸	品	■	尼	寺

167

汚		喉	自	慢		静	脈		光	合	成
名	残		負		稲	荷		食	害		型
返		同	心	円		重	軽	傷		遺	品
上	得	意		周	航		追		紛	失	
	策		効	率		開	放	感		物	議
入		職	能		元	祖		謝	罪		決
学	芸	員		雅	号		花	祭		越	権
願		室	内	楽		還	暦		玄	冬	
書	架		股		奥	付		欧	米		砥
	空	中		選		金	烏		茶	懐	石
具		二	者	択	一		骨	髄		風	
現	段	階		肢		軍	鶏		珪	藻	土

168

主	従		脚	光		荒	物	屋		挽	回
人		絵	本		診	療		敷	居		顧
公	共	心		永		治	世		住	所	録
	和		現	代	史		紀	元		番	
帝	国	劇	場		跡	始	末		意	地	悪
釈		薬	師		終		貪	欲		態	
天	日		模	範	生		目		的	中	
	進	水	式		家	内	安	全		州	都
海	月		図	体		幕		自	覚		大
	歩	合		育	毛		異	動		航	路
挙		流	灯	会		途	端		架	空	
句	読	点		系	統		児	戯		機	嫌

169

鰯		無	我	夢	中		侍	大	将		経
雲	脂		慢		納	豆		英		百	済
	汗	水		二	言		切	断	面		協
秋		不	文	律		猪	口		影	響	力
千	鳥	足		背	丈		上	越		板	
	獣		造	反		為		年	寄		日
合		岩	山		代	替	財		生	一	本
理	屈		運	賃	表		団	子	虫		銀
主		挙	動		選	局		宝		横	行
義	勇	兵		相	手		演		失	恋	
	猛		玄	関		食	習	慣		慕	情
着	心	地		図	書	券		例	題		況

170

疫	学		介	助	犬		虎	猫		攻	防
病		歳	入		歯	牙		背	広		災
神	無	月		認		城	郭		葉	鶏	頭
	駄		半	可	通		公	孫	樹		巾
亀	毛	兎	角		過	誤		子		尋	
甲		馬		砂		植	木		非	常	時
形	相		削	岩	機		陰	陽	道		間
	手	加	減		先	頃		炎		意	外
藪		護		幽		合	宿		跡	地	
蛇	足		表	玄	関		場	面		悪	夢
	温	度	計		門	前	町		狂		物
原	器		算	段		菜		流	言	飛	語

解答

171

残		慶	弔		顔	写	真		生	命	体
骸	骨		慰	謝	料		正	常	化		系
	格	安		罪		水	面		学	究	的
育		息	災		援	軍		司		極	
休	肝	日		一	助		清	教	徒		鱈
	心		沈	思		吹	聴		競	技	場
重	要	視		案	山	子		滑	走		蟹
金		野	臥		棟		架	空		恋	
属	目		竜	頭	蛇	尾		機	密	文	書
	論	争		痛		羽	衣		入		評
予	見		縁		刷	毛		御	国	訛	
兆		温	故	知	新		駆	足		声	紋

172

未	亡	人		策	略		火	打	石		茄
曾		影	富	士		試	薬		突	拍	子
有	無		籤		霊	験		宛		車	
	着	脱		尺		片	仮	名	語		憎
上	陸		嘘	八	百		面		意	地	悪
首		国	字		日	本	舞	踊		下	
尾	長	鳥		食	紅		踏		海	水	浴
	蛇		十	指		社	会	現	象		衣
鉱		旗	手		御	殿		像		汚	染
山	吹	色		端	数		不		合	点	
	出		異	境		大	器	晩	成		膝
鳴	物	入		期	限		用		酒	饅	頭

173

操	舵		直	筆		交	配	種		楕	円
縦		常	滑		容	易		牛	耳		卓
席	次		降	雪	量		街		学	芸	会
	第	二		渓		口	頭	試	問		議
理		天	辺		免	許		供		群	
不	統	一		検	疫		食	品	衛	生	法
尽		流	行	眼		火	傷		星		度
	砂		脚		水	防		好	都	合	
目	利	安		画	素		徒		市		金
差		全	体	像		無	花	果		茶	毘
	軽	率		診	療	所		汁	粉		羅
因	業		遮	断		属	国		砕	氷	船

174

最	高	潮		植	民		小		一	番	鶏
	麗		梶	木		無	理	算	段		頭
猿	芝	居		市	井		屈		落	首	
轡		飛	鳥		戸	袋		八		輪	中
	山	車		両	端		原	寸	大		心
団	塊		代	替		灯	油		発	起	人
栗		固	執		旅	籠		入	会		物
目	深		行	楽	客		馬	力		鑑	
	海	豹		天		羊	蹄		懸	賞	金
根	底		御	家	芸		形	容	詞		襴
性		内	祝		能	面		疑		絨	緞
悪	因	縁		磁	界		学	者	肌		子

解答

175

悠	長	■	錯	視	■	蛾	眉	■	基	本	法
■	談	判	■	聴	講	■	目	的	地	■	被
律	義	■	不	覚	■	優	秀	■	局	所	■
令	■	突	如	■	緩	■	麗	人	■	信	仰
制	度	■	意	気	衝	天	■	格	付	表	■
■	外	連	■	鋭	■	分	極	化	■	明	烏
厳	■	合	鴨	■	些	■	秘	■	雲	■	帽
冬	将	軍	■	狼	少	年	■	酒	呑	童	子
■	棋	■	紫	煙	■	収	集	癖	■	話	■
円	盤	投	■	守	護	■	塵	■	演	劇	論
熟	■	打	開	■	身	頃	■	凱	歌	■	説
味	噌	■	催	眠	術	■	螺	旋	■	呪	文

176

昵	■	簡	単	■	針	千	本	■	新	機	軸
懇	親	■	独	楽	鼠	■	会	派	■	内	■
■	孝	心	■	焼	■	物	議	■	衣	食	住
銀	行	■	陶	■	謁	見	■	酒	類	■	民
杏	■	置	土	産	■	遊	水	池	■	帰	投
黄	昏	時	■	休	火	山	■	肉	眼	■	票
葉	■	計	略	■	急	■	梅	林	■	座	■
■	克	■	歴	訪	■	叢	雨	■	即	興	劇
有	明	海	■	問	診	■	前	哨	戦	■	症
為	■	防	寒	着	■	実	線	■	力	量	■
転	嫁	■	稽	■	後	生	■	蟻	■	販	促
変	■	閑	古	鳥	■	活	性	酸	素	■	音

177

破	顔	一	笑	■	拙	■	拇	指	■	親	善
天	■	概	■	光	速	度	■	揮	発	油	■
荒	磯	■	烏	合	■	外	交	官	■	性	悪
■	辺	鄙	■	成	熟	■	歓	■	精	■	態
糸	巻	■	郭	■	柿	渋	■	御	粗	末	■
瓜	■	非	公	開	■	皮	算	用	■	尾	長
水	産	業	■	放	免	■	額	■	改	■	逗
■	声	■	垣	■	疫	病	■	簡	易	書	留
泰	■	羽	根	車	■	葉	緑	素	■	院	■
山	査	子	■	高	菜	■	青	■	模	造	紙
北	■	板	張	■	種	苗	■	挙	式	■	吹
斗	南	■	手	垢	■	床	運	動	■	淡	雪

178

痛	■	啓	蒙	思	想	■	垣	間	見	■	出
切	口	上	■	惑	■	精	根	■	積	乱	雲
■	癖	■	販	売	促	進	■	品	書	■	風
擦	■	遠	路	■	音	■	酷	評	■	産	土
過	不	足	■	郵	便	局	■	会	意	■	記
■	覚	■	為	政	■	面	舵	■	趣	向	■
無	■	一	■	省	略	■	輪	番	■	学	友
洗	濯	石	鹸	■	礼	讃	■	号	泣	■	禅
米	■	二	■	感	服	■	御	札	■	伝	染
■	飛	鳥	文	化	■	暖	簾	■	歓	声	■
焼	魚	■	庫	■	呆	気	■	混	■	管	理
酎	■	張	本	人	■	団	体	交	渉	■	念

解答

179

伏	線	■	小	兵	■	出	没	■	回	折	縞
魔	■	倫	理	■	織	目	■	血	路	■	栗
殿	御	■	屈	指	■	金	平	糖	■	海	鼠
■	偉	容	■	南	風	■	均	■	烏	賊	■
三	方	■	丹	■	邪	馬	台	国	■	船	旅
行	■	不	誠	実	■	脚	■	際	限	■	費
半	可	通	■	権	威	■	哀	感	■	住	■
■	惜	■	矯	■	信	徒	■	染	井	吉	野
羊	■	真	正	直	■	花	粉	症	■	神	■
頭	蓋	骨	■	参	列	■	砕	■	公	社	債
狗	■	頂	戴	■	強	壮	■	年	魚	■	務
肉	桂	■	冠	鷲	■	大	車	輪	■	易	者

180

御	世	辞	■	干	支	■	傾	国	■	籤	運
欠	■	去	就	■	援	軍	■	有	識	■	命
■	待	■	寝	相	■	資	本	財	■	者	共
不	機	嫌	■	違	約	金	■	産	卵	■	同
惑	■	悪	寒	■	款	■	飼	■	子	実	体
■	幻	■	空	虚	■	針	葉	樹	■	験	■
感	覚	野	■	無	限	小	■	海	食	台	地
涙	■	仏	法	僧	■	棒	術	■	中	■	獄
■	葦	■	螺	■	拡	大	■	消	毒	薬	■
三	毛	猫	■	肩	幅	■	羽	化	■	玉	石
温	■	八	頭	身	■	器	■	酵	母	■	火
糖	質	■	取	■	微	量	元	素	■	鏑	矢

181

贅	沢	三	昧	■	遊	戯	■	副	腎	■	臆
肉	■	原	■	閲	覧	■	朗	読	■	疫	病
■	単	色	光	■	船	出	■	本	草	学	■
至	純	■	明	細	■	入	稿	■	薙	■	請
宝	■	醜	■	君	主	国	■	真	剣	勝	負
■	新	聞	社	■	人	■	修	善	■	機	■
吾	妻	■	交	換	公	文	■	美	白	■	高
輩	■	磁	■	算	■	房	総	■	昼	時	分
■	北	極	海	■	寝	具	■	正	夢	■	子
仮	面	■	老	婆	心	■	的	確	■	糊	化
祝	■	肝	煎	■	地	卵	■	無	謀	■	合
言	霊	■	餅	肌	■	黄	金	比	■	鋳	物

182

微	積	分	■	太	平	洋	高	気	圧	■	忍
笑	■	包	丁	■	坦	■	飛	■	倒	置	法
■	功	■	半	年	■	投	込	寺	■	碁	■
道	徳	観	■	輪	転	機	■	銭	湯	■	酵
形	■	客	土	■	婆	■	甘	■	葉	緑	素
■	痛	■	竜	宮	■	片	栗	粉	■	内	■
御	手	水	■	大	納	言	■	雪	見	障	子
袋	■	飴	細	工	■	隻	眼	■	真	■	爵
■	鳴	■	面	■	禁	句	■	不	似	合	■
視	神	経	■	遮	断	■	養	老	■	羽	織
聴	■	過	敏	■	症	例	■	長	嘆	■	姫
覚	醒	■	感	謝	状	■	傘	寿	■	軍	星

183

緩		夏	至		浅	知	恵		白	耳	義
急	峻		福	神	漬		比	肩		年	
自		郭		業		喜	寿		割	増	金
在	外	公	館		憤	怒		本	拠		槌
	為		長	身		哀	傷	歌		厳	
漁		幹		軽	音	楽		取	捨	選	択
火	炎	旋	風		訓		青		鉢		捉
	色		情	景		烏	竜	茶		宝	島
全	反	射		勝	手	口		懐	中	物	
	応		源		管		敷	石		殿	方
脱		母	平	均		閑	居		伝		眼
兎	小	屋		一	目	散		投	票	用	紙

184

甘	夏		並	大	抵		衝	立		冷	奴
	至	極		国		狙	撃		熱	血	
健		楽	天	主	義		波	及		漢	方
胃	洗	浄		命		尚		第	二		向
剤		土	足		玄	武	岩		重	低	音
	離		早	場	米		風	来	人		痴
正	反	対		景		語	呂		格	安	
当		照	焼		鞍	部		喜		直	火
防	腐		野	次	馬		多	色	刷		砕
衛		今		善		分	岐		新	陰	流
	裸	一	貫		破	裂		焦		陽	
象	眼		通	用	門		御	茶	壺	道	中

185

建	礼	門	院	■	家	系	図	■	手	裏	剣
前	■	下	■	為	政	■	星	条	旗	■	術
■	私	生	活	■	婦	警	■	令	■	空	■
鼓	腹	■	性	根	■	戒	告	■	相	似	比
動	■	木	炭	■	音	色	■	黙	殺	■	丘
■	梅	酢	■	愚	痴	■	監	視	■	治	■
御	鉢	■	新	妻	■	提	督	■	目	安	箱
府	■	寡	聞	■	担	■	官	僚	的	■	詰
内	密	■	社	会	保	険	庁	■	地	軸	■
■	集	落	■	者	■	悪	■	肌	■	受	理
贋	■	雲	形	定	規	■	緋	寒	桜	■	想
金	糸	雀	■	離	■	錦	鯉	■	桃	源	郷

186

顔	写	真	■	要	職	■	姉	貴	■	忍	耐
貌	■	骨	髄	■	人	跡	■	金	蔓	■	性
■	絶	頂	■	一	芸	■	専	属	■	抗	菌
恰	好	■	蝶	番	■	服	従	■	為	体	■
■	調	印	■	首	脳	部	■	代	替	■	趣
臥	■	鑑	別	■	神	■	摂	理	■	論	旨
薪	能	■	途	中	経	過	■	母	国	語	■
嘗	■	疑	■	継	■	飽	食	■	際	■	忠
胆	大	心	小	■	不	和	■	青	色	申	告
■	厄	■	手	弁	当	■	主	菜	■	請	■
逐	■	鼻	先	■	表	玄	関	■	両	■	頑
電	信	柱	■	誇	示	■	白	髪	三	千	丈

解答

271

187

綺	麗	所		炭	鉱		石	灰		呪	文
羅		有	無		床	几		塵	芥		金
	庇		記	載		帳	尻		川	中	島
守	護	大	名		額	面		懸	賞		田
衛		英		貝	紫		専	念		左	
	横	断	幕		陽	明	門		九	官	鳥
命	綱		末	摘	花		医	薬	品		瞰
冥		随		発		嘘		研		多	
加	水	分	解		活	字	体		繁	忙	期
	母		熱	運	動		温	泉	華		待
出		参		転		失	調		街	頭	
超	過	勤	務	手	当		節	操		領	袖

188

四	菩	薩		若	干		裏	腹		狸	寝
隅		摩	擦		海	猫		具	備		坊
	看	守		不	老		貝	合		讃	助
超	過		軍	拡		蚊	柱		審	美	
法		弛		大	福	帳		物	議		十
規	制	緩	和		禄		概	数		択	一
	裁		平	均	寿	命		奇	異		面
曳		患		衡		令	嬢		人	生	観
行	灯	部	屋		天	文		旅	館		世
	籠		形	而	下		食	券		風	音
筑		川	船		御	手	前		青	雲	
豊	葦	原		赦	免		酒	粕		児	戯

189

旅	烏	■	重	■	消	極	■	生	殺	与	奪
興	■	必	要	経	費	■	迫	真	■	信	■
行	火	■	視	■	性	根	■	面	魂	■	活
■	山	懐	■	指	向	■	演	目	■	不	況
系	列	■	意	図	■	練	習	■	認	可	■
統	■	凝	固	■	剥	製	■	更	■	欠	如
樹	海	■	地	熱	■	品	種	改	良	■	何
■	鮮	明	■	帯	鋸	■	牡	■	縁	起	物
以	■	星	月	夜	■	曲	馬	団	■	爆	■
下	弦	■	桂	■	雁	木	■	子	分	■	支
同	■	三	冠	王	■	細	菌	■	解	像	度
文	学	界	■	宮	大	工	■	堪	能	■	金

190

愛	■	乳	酸	菌	■	神	妙	■	寒	暖	計
敬	白	■	化	■	読	経	■	滑	稽	■	略
■	亜	鉛	鉄	板	■	痛	切	■	古	酒	■
密	■	筆	■	目	差	■	口	角	■	豪	商
封	鎖	■	洋	紙	■	江	上	■	筐	■	売
■	国	産	品	■	納	戸	■	液	体	空	気
政	令	■	店	番	■	紫	水	晶	■	集	■
府	■	越	■	茶	人	■	瓶	■	相	合	傘
開	花	前	線	■	工	夫	■	擬	似	■	立
発	■	蟹	■	歓	呼	■	悪	態	■	汚	■
援	護	■	骨	■	吸	音	材	■	牢	名	主
助	■	鍵	盤	楽	器	■	料	理	屋	■	菜

解答

191

変	幻	自	在		方	丈	記		餓	鬼	道
	想		宅	配	便		念	願		子	
双	曲	線		膳		墓	碑		長	母	音
壁		対	峙		虎	穴		花	押		響
	愛	称		陥	落		謁	見		倒	
生	憎		偉		笛	竹		時	代	錯	誤
簧		主	人	公		篦	鹿		物		作
	産	婦		明	察		尾	羽		不	動
凍	土		矯	正		白	菜		草	案	
	神	聖		大	垂	髪		臆		内	祝
冥		職	権		乳		洗	面	台		儀
加	害	者		六	根	清	浄		頭	陀	袋

192

接	種		貧	民		親	潮		気	管	支
骨		胸		生	醤	油		謝	絶		離
医	薬	部	外	品		性	犯	罪		壊	滅
	師		科		宴		意		些		裂
食	堂	車		入	会	権		竹	細	工	
習		座	敷	牢		化	石	林		夫	婦
慣	行		設		蒔		臼		看		警
	進	展		泥	絵	具		難	破	船	
夜	曲		片	棒		象	牙	色		旅	情
郎		遺	言		邪		城		晩		操
自	叙	伝		伏	魔	殿		媒	酌	人	
大		子	午	線		御	節	介		望	楼

193

親	御		出	撃		釣		才	色	兼	備
	先	程	来		堪	忍	袋		艶		忘
麺	棒		高	性	能		小	豆		登	録
碼		霊	根		遍	路		恐	竜		
	経	験	論		略	歴		校		門	松
無	常		告	別	式		鎌	倉	彫		葉
限		胡		嬪		鶴	首		金	剛	杖
大	山	椒	魚		砂	嘴		寒		毅	
	査		粉	微	塵		満	天	星		悪
氏	子	中		笑		受	身		取	水	口
素		興	味		聴	講		裏	表		雑
姓	名		見	物	衆		寝	技		譫	言

194

水	中	翼	船		時	差	出	勤		落	款
	間		尾	長	鳥		来		徒	花	
異	色	作		躯		夢	心	地		生	半
端		風	前		悪	路		下	弦		透
	春		世	話	人		寸	鉄		釈	明
千	秋	楽		芸		好	評		莫	迦	
	戦		閲		刺	青		膨	大		蠍
万	国	博	覧	会		年	増		小	熊	座
象		多		得	手		上	背		之	
	不	織	布		腕	自	慢		果	実	酒
模	様		袋	帯		然		灰	汁		饅
型		詰	腹		和	光	同	塵		鶏	頭

解答

195

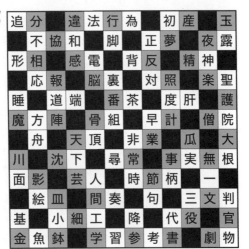

196

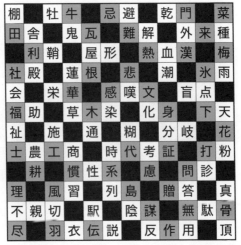

197

棚	牡	丹	■	日	和	見	感	染	■	閑	静
機	■	前	身	頃	■	栄	■	料	理	人	■
■	功	■	銭	■	葱	坊	主	■	髪	■	籤
公	徳	心	■	黒	鮪	■	導	師	■	非	運
序	■	中	性	子	■	職	権	■	恒	常	■
良	縁	■	悪	■	仕	種	■	触	■	勤	行
俗	■	醸	■	餌	付	■	虫	媒	花	■	雲
■	模	造	品	■	糸	切	歯	■	火	砕	流
垂	範	■	名	僧	■	断	■	甚	大	■	水
■	生	節	■	正	四	面	体	■	会	食	■
陳	■	分	煙	■	十	■	操	縦	■	卓	袱
謝	肉	祭	■	孔	雀	石	■	列	席	■	紗

198

千	尋	■	三	国	志	■	精	錬	■	涙	雨
載	■	万	葉	■	向	腹	■	金	尽	■	模
一	周	年	■	胎	■	心	霊	術	■	今	様
遇	■	青	空	教	室	■	芝	■	山	際	■
■	独	■	元	■	温	灰	■	母	川	■	除
不	活	性	気	体	■	色	度	■	草	履	虫
束	■	格	■	操	作	■	合	歓	木	■	菊
■	下	検	分	■	柄	杓	■	喜	■	矮	■
定	■	査	■	薪	■	子	音	■	私	小	説
期	待	■	機	能	美	■	声	明	書	■	話
昇	■	羽	織	■	少	納	言	■	箱	詰	■
給	水	車	■	侍	女	■	語	彙	■	問	屋

解答

199

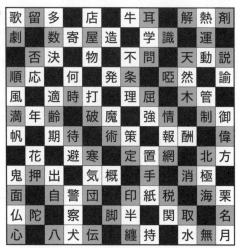

200

ちょっとひと息 *Column*

読めますか?

この本を手にしている方は、たぶん漢字には自信がある方だと思います。
次の漢字の読みに挑戦してみてください。難しいですよ。

1. 似而非　2. 風太郎　3. 香具師　4. 等閑　5. 弥が上に
6. 瘋癲　7. 為人　8. 為体　9. 読本　10. 剽軽
11. 剰え　12. 擢んでる　13. 抽んでる　14. 窘める　15. 挙って
16. 掠める　17. 蔑ろ　18. 蟠り　19. 詰る　20. 夥しい
21. 周章てる　22. 草臥れる　23. 捗捗しい　24. 手足れ　25. 熱り立つ
26. 狼狽える　27. 覚束無い　28. 相応しい　29. 徐に　30. 糅てて加えて
31. 騒騒　32. 区区　33. 多多　34. 寸寸　35. 予予
36. 緊緊　37. 粘粘　38. 然然　39. 云云　40. 苛苛

答え (他の読み方がある場合もありますので、気になる方は辞書を引いてみてください)
1. えせ　2. ぷうたろう　3. やし　4. なおざり　5. いやがうえに
6. ふうてん　7. ひととなり　8. ていたらく　9. とくほん　10. ひょうきん
11. あまつさえ　12. ぬきんでる　13. ぬきんでる　14. たしなめる
15. こぞって　16. かすめる　17. ないがしろ　18. わだかまり
19. なじる　20. おびただしい　21. あわてる　22. くたびれる
23. はかばかしい　24. てだれ　25. いきりたつ　26. うろたえる
27. おぼつかない　28. ふさわしい　29. おもむろに　30. かててくわえて
31. ざわざわ、さわさわ　32. まちまち　33. ふさふさ、たた　34. ずたずた
35. かねがね　36. ひしひし、びしびし、ぴしぴし　37. ねばねば
38. しかじか　39. うんぬん、しかじか　40. いらいら

279

著者紹介

川崎光徳 Mitsunori Kawasaki

パズル作家。九州大学工学研究科通信工学専攻修士課程卒。日本電信電話公社（現NTT）を経て、パズル作家に。
著書として『10分脳トレ BASIC 漢字パズル200』『完全マスター ナンプレ200』シリーズ（ともに成美堂出版）、『パズル冒険物語 異次元のカイト1〜5巻』『THE BEST パズル1〜3巻』『カタイ頭をときほぐすパズル200』（ともに誠文堂新光社）、『傑作！名品パズル120選』（永岡書店）の他、永岡書店より刊行されているナンプレ・シリーズなどがある。
東京都在住。

装丁・本文デザイン　茨木純人

校正　松田明子

漢字クロスワード Festival 200

著　者　川崎光徳
　　　　_{かわ さき みつ のり}

発行者　深見公子

発行所　成美堂出版
　　　　〒162-8445　東京都新宿区新小川町1-7
　　　　電話(03)5206-8151 FAX(03)5206-8159

印　刷　広研印刷株式会社

©Kawasaki Mitsunori 2018　PRINTED IN JAPAN
ISBN978-4-415-32536-1
落丁・乱丁などの不良本はお取り替えします
定価はカバーに表示してあります

- 本書および本書の付属物を無断で複写、複製（コピー）、引用することは著作権法上での例外を除き禁じられています。また代行業者等の第三者に依頼してスキャンやデジタル化することは、たとえ個人や家庭内の利用であっても一切認められておりません。